PRESIDENTS
OF THE
UNITED STATES OF
AMERICA

Donald
Trump

川普對決習近平

陳破空 著

Xi
Jinping

PRESIDENT
OF THE
PEOPLE'S REPUBLIC OF
CHINA

川普當選美國總統，不但改變了世界政治形勢，也重新形塑亞太戰略、經貿下的中美關係。台灣是中美兩大超強的運作棋子？還是風險控管下的機會？陳破空先生提出了深度的解讀，既具「創造性破壞」，也具「腦力激盪」作用。本書值得政治、企業、學術人士乃至於一般平民百姓閱讀，省思台灣的未來與困局。

——胡忠信（政治評論家、歷史學者）

陳破空先生是少數能對川普上任後台美中關係作出精闢分析的作家，習近平跟川普的互動引發國際關注之同時，朝鮮半島的緊張狀況持續，作者對這樣的東北亞地緣政治之演變提出了相當獨到的見解。面對習近平的中國夢，川普更不惜試圖跟俄羅斯的普丁聯合制衡，川普自己的強國夢能否抑制中國的擴張？誠意推薦此書給關心台美中關係的讀者。

——梁文韜（成功大學政治系教授）

川普上台之後，吹皺東亞權力關係的一池春水，也讓美中新型大國關係重新洗牌，這對台灣是個危機，但卻也是個轉機，台灣在這個美中對抗的新時代，要如何借力使力，進而爭取台灣最大的利益，旅美作家陳破空這本書給了我們最好的答案，兩大眞的一定難爲小嗎？讓我們從作者生動的筆觸當中，來尋找台灣的機會吧。

——蔡增家（政治大學國際關係研究中心教授）

目次

第五章 ★ 川普時代，台灣的機會 081

第六章 ★ 川普「聯俄制中」戰略，受阻於國內 105

第十一章★金正恩毒殺金正男，習近平忍氣吞聲 175

第十二章★中南海煽動反韓風潮，中國人忙於恨 191

前言

讓美國再次強大，讓亞太各國心安

美國出了一個川普總統，這是一——世紀富有戲劇性的政治大轉折。非傳統，非典型，非「政治正確」，甚至於，非美國（un-american），川普的個人特質和執政風格，輻射到亞洲，觸發亞洲戰略格局的風雲突變。

競選期間，川普聲言：日本和韓國應該加強自衛能力，必要時，甚至可以擁核自衛，自己去對付北韓和中國。外界盛傳，川普的意思是美國要退出亞洲了，日、韓等國最好自己管自己，美國可能撒手不管了。然而，當選總統後，川普會見的第一個外國首腦，就是日本首相；上任總統後，接待的第一個來訪外國首腦，還是日本首相。川普強化了日美同盟，而非削弱之。

隨後，日本出動準航母「出雲號」，前往南海，隨時準備加入美國艦隊，並肩在南海巡航。川普時代，恰恰成為日本自我武裝、全面重返國際社會的天賜良機。藉助美國的推動力，戰後早已成為亞洲和平力量（「亞洲模範生」）的民主日本，可望在亞洲發揮區域領導力。

至於韓國，就在中共煽動起舉國狂熱的反韓聲浪中，就在北韓再次試射導彈的當天，美國立即在韓國部署了薩德反導彈系統（THAAD）首批裝備。行動比語言更有力。在美國總統川普的強大壓力下，中國領導人習近平被迫做出放棄金正恩的讓步。

台灣，經歷三十七年的沉寂之後，忽然間，美國總統與台灣總統直接通話，蔡英文祝賀川普當選。這是國家與國家之間的禮儀。台灣在國際舞台上的政治能見度，被川普拉抬到一個罕有的高度。中共跳腳抗議，川普卻進一步質疑「一個中國」政策的合理性，美國是否有必要繼續遵守？直到北京私下溝通、做出一系列妥協的姿態和讓步的承諾，川普才勉強回到「一個中國」的政策軌道，但申明：這是美國的「一中」政策，而非中國的「一中」政策。

在台灣，有人擔心、甚至抱怨，川普僅僅是把台灣當做籌碼和棋子，與中國做交易。其實，能被美國當做籌碼和棋子，總比被美國不當一回事要好。從中，台灣大可以找到伸展的空間，更可以找到發揮的機會。

台灣牌，是美國對付中共的有力工具，美國不會輕易放棄。歐巴馬曾經把這張牌擱置一邊，那是一個書生的迂腐。川普重打這張牌，不僅精明，而且具有高度的戰略眼光。

有人擔心，川普會不會拋棄台灣、甚至出賣台灣？或有人發揮想像力，川普會不會用北韓換台灣？即中共放棄北韓而美國放棄台灣，以中共主導海峽兩岸的統一，換取美國主導朝鮮半島的統一。筆者堅信，這種極端情況，根本不會出現。現實的情況是，在朝鮮半島，即便習近平默認川普斬首金正恩，更迭平壤政權，也只會換上一個對韓國和美國友善而對中國無害的政權，或者，一個對韓國和美國無害而繼續親中的政權。

回頭來說台灣，即便美國繼續或暫時「尊重」一個中國的政策，也絕不可能坐視中國吞併台灣，而徒讓美國失去一個亞洲價值同盟。如果說，打擊北韓，那是除害；保衛台灣，則是興利。

二十一世紀的國際社會，與上世紀七〇年代美國翻覆兩岸外交關係的歷史背景，早已不可同日而語。普世價值凸顯為人類文明不可逆轉的主題，兩岸政治文明的落差，在美國朝野激起的愛憎分明，已不可能盡為功利主義所抹滅。從共和黨黨綱到國會法案，「美國對台灣安全的六項保證」，從道義和法律上，都不可能逆轉。台美關係，只會更緊密，而不會更疏遠。

歐巴馬時代，針對中共的擴張、對世界和平的挑戰，制定了「重返亞洲、圍堵中國」的戰略，亞洲各國受到鼓舞，更緊密地聚合在美國的羽翼下。然而，歐巴馬說得多做得少，竟坐視中共在美國圍堵的眼皮底下，大肆挑釁，高速擴張。

在南海，美國的善意調解才剛剛結束，位於菲律賓專屬經濟區的黃岩島就被中共硬生生地搶奪；隨後，中共更以「中國速度」，一口氣打造了七個人工島，占據南海要塞；並在南海實施步步升級的軍事化。在東海，中共猛烈衝擊釣魚台，讓中日對立態勢全面升級；在中印邊界，中共頻繁滋事，擠壓印度空間。

北韓有樣學樣，核試爆一波接一波，導彈頻繁試射，有恃無恐，多次把朝鮮半島推向戰爭邊緣。歐巴馬管制美軍，有軍演，無實戰，圍而不打，讓金正恩肆無忌憚，愈跳愈高。美軍將領抱怨，美軍有能力，但最高統帥歐巴馬卻沒有決心。連立場反覆的菲律賓總統杜特蒂也反問：（針對中國在南海的動作）「美國究竟做了什麼？」

如今，川普總統來了，氣氛和氣場都發生了變化。就在川習會的晚宴上，川普斷然下令轟炸敘利亞。五十九枚戰斧式巡航導彈齊飛，劃破中東的夜空。這場晚宴，彷如現代版的「鴻門宴」。這只是川普風格的預演，威震四方。川普說幹就幹、不說就幹，讓敵方摸不著頭腦。

如果說，從前的美國總統面對北韓和中共，是君子對小人、紳士對流氓，幾近無計可施。中共和北韓耍盡流氓，而美國只能按規則辦事，難怪有「中國崛起」和「美國衰落」的顚倒邏輯。如今的川普總統，不再那麼君子了、不再那麼紳士，讓小人和流氓也開始發怵、開始心驚肉跳。

「讓美國再次強大」，不僅是實力上，也是心理上。美國再次強大，才能讓亞太各國心安，讓整個國際社會重獲安全感。文明力量，萬不可遜於邪惡勢力。這是全人類對民主堡壘——美國的虔誠期許。

習近平遭遇川普，「中國崛起」撞上「美國強大」，「中國夢」對衝「美國夢」。川普時代，東西方兩強對撞，註定風起雲湧。筆者不才，草成拙著。惟願本書略成序曲之一，爲這齣時代大戲提供某種預告和解說。

二〇一七年四月，寫於紐約

第一章★

川普意外大勝，習近平看走了眼

「為了世界和平，請投票支持柯林頓。」——中國多維網

川普爆冷當選，習近平陷入沉默

二〇一六年十一月八日，唐納・川普（Donald Trump，中國翻譯爲唐納德・特朗普）當選爲美國第四十五任總統。在美國主流媒體和世界輿論一片不看好的聲浪中，川普可謂爆冷當選，成爲當年最大的世界驚奇。儘管他的競爭對手希拉蕊・柯林頓（Hillary Clinton）贏得

更多人頭票，但根據美國的選舉人制度，川普贏得了五十個州的三十一個，而柯林頓只贏得十九個。

多數國家領導人和媒體表現出震驚與錯愕，有的甚至表現出沮喪與不安。其中，就包括中國領導人習近平和中國官方媒體。全世界都看走了眼，習近平也看走了眼。

直到美國大選投票日來臨，中國當局才預感不妙。二〇一六年十一月八日，就在美國大選投票前夕，總部位於北京、假扮「海外媒體」的多維網，突然發表社論，題爲：「爲了世界和平，請投票支持柯林頓」。文中的「我們」，非指多維網編輯部，而代指中國政府；文中的「您」，非指美國大眾，而是指已經入籍美國的華人。借多維網社論，中國政府懇請美國華人幫忙，直白地說：「我們請您這樣做，不是爲了支持柯林頓成爲總統，而是爲了阻止川普入主白宮。」習近平當局的不安與恐慌，溢於言表。

針對美國大選結果，中共中央宣傳部（簡稱中宣部）事先準備了兩個版本，主要的版本是應對柯林頓當選，另一個版本是應對川普當選。根據這兩個宣傳版本，一旦柯林頓當選，中國媒體就會集中火力攻擊美國民主制度，把美國大選描繪成財團的操控、大選結果是金錢的勝利。爲此，中共喉舌提前準備了大量評論和文章，蓄勢待發。而一旦川普當選，中國媒體就嘲諷美國民主制度失敗。但中宣部預料川普勝選的可能性很小，因而，後一個版本準備得並不充分。

結果，川普意外勝選，讓中國政府措手不及。中宣部倉促推出第二個版本，但才發現，他們準備的評論和文章很少。以致於中國官方媒體只能做極其簡短的報導，頭幾天幾乎沒有配發評論和文章。給外界的感覺，中國政府和官方媒體對川普當選「陷入沉默」。直到幾天之後，似乎才開始有所反應。

這種沉默，也體現在習近平的個人表現上。川普當選當天，習近平照例以信函形式發出賀電，內容都是官樣文章，並無新意，僅表達繼續發展中美關係的願望。但隨後幾天，各國領導人紛紛與川普通電話，表達祝賀並交談政務。這類電話，通常都會事先約定。

當選三天後，川普對記者表示：「已經與多數國家領導人通了電話，但中國領導人習近平除外。」這個信息，包含習近平的沉默，以及川普對習近平的冷落。顯然，誰都沒有主動聯絡對方。

川普當選五天後，二〇一六年十一月十三日，習近平與川普終於通了電話。川普團隊告訴媒體，這通電話，由中國方面首先提出來。習近平在電話中對川普說了這麼一句話：「事實證明，合作是中美兩國唯一的正確選擇。」這句話，語帶威脅。意思是，川普政府只能與習近平政府合作，否則就會自討苦吃。

美國變天，川普勝選的大背景

川普當選，是美國政治的又一個驚奇。實際上，這是一次回歸，朝著美國傳統價値的方向；這是一次修正，朝著美國優先的方向。世界不得不接受一個以美國爲中心、奉行「美國主義」的新總統。

這是一個急劇變化的世界，國內的民粹主義、本土主義和民族主義，世界範圍內的全球化退潮，不僅體現在英國脫歐、歐洲和世界各地的獨立運動……，而且體現在一個接一個政治強人被推上執政舞台：俄羅斯的普丁，中國的習近平，日本的安倍，菲律賓的杜特蒂，從歐洲到中南美洲的右翼人士，如今，又增添了美國的川普……。

憤怒的美國，憤怒的美國人，這是二〇一六年美國大選的氣氛。而憤怒的川普，就是憤怒的美國人的代言人。他大嘴無遮攔，不斷放炮，怒氣沖沖，看似粗魯無禮，恰恰就是美國工人階級牢騷的寫照。工人階級的特徵，粗糙而粗魯，川普，正是這樣的一個形象和一個符號。有趣的是，川普本人並非工人階級，而是億萬富豪。這個毀譽參半的億萬富豪，一躍而成爲美國工人階級的代言人，正所謂：「英雄不問出處。」

把川普推上總統寶座的，不僅僅是美國的產業工人，還有中產階級，他們被歐巴馬健保法案壓榨得荷包縮水，自己辛苦賺來的薪水，要向政府交出很大一筆稅，變成低收入者和新移民的福利。

至於新移民，也並非如民主黨所想像的那樣，會一邊倒地支持柯林頓。這裡有一個搭車原理：憑票上車的人，看不慣那些混票上車的人（不買票而擠上車的人）。也就是說，合法移民，看不慣那些非法移民，哪怕那是他們的同類。比如，合法的中國移民，就看不慣來自中國福建省的偷渡客。同樣道理，合法成爲美國公民的拉丁裔，不見得同情那些大批偷渡而來的拉丁裔非法移民。關鍵還在於，許多合法移民擁有投票權，非法移民卻沒有投票權。當柯林頓和民主黨以爲他們是新移民的代言人時，擁有投票權的新移民們，卻不一定買帳。

至於黑人，對柯林頓的支持也不如預期。原因在於，黑人的飯碗也被移民或非法移民搶走。黑人對現狀不滿，並不亞於白人產業工人。說不定，很多黑人悄悄投了貌似「白人至上主義者」、「種族歧視者」的川普一票。

這是一個神奇的國度，只有在這樣的國度，才能產生這樣的奇蹟：一個門外漢，一個體制外的新人，一個叫板（挑釁）全體建制派的抗議者，得以在人民的幫助下，成爲這個偉大國家的領導人。這樣的奇蹟，在其他國家，難以想像；尤其在中國，完全無法想像。

川普，不僅僅擊敗了柯林頓，這只是表面；他擊敗了所有的建制派，這才是實質。首先，他擊敗了共和黨的建制派；接著，他又擊敗了民主黨的建制派。一個人打敗了兩個黨，這就是二〇一六年的美國故事。

資深的傳統政治人物柯林頓，不過是整個建制派的典型化身，一個形象和一個符號。事實上，柯林頓還背負了歐巴馬的包袱。大選中，儘管有現任總統歐巴馬及第一夫人蜜雪兒．歐巴馬爲柯林頓站台。然而，在這一風光的背後，是柯林頓無法承受的歐巴馬之重。美國民眾對歐巴馬的不滿，轉移爲對柯林頓的不滿。柯林頓由此背負了雙重的不滿。人情難卻，柯林頓也別無選擇。歐巴馬，本來就欠柯林頓一個人情（二〇〇八年），如今，又欠了一個，而且，可能永遠無法償還。

主流媒體發布的民調顯示，卸任總統歐巴馬，在美國民眾中擁有高達五十四％的好感度。然而，就像主流媒體對這次大選民調失靈一樣，主流媒體對歐巴馬好感度的民調，也不見得有多靠譜。歐巴馬全面左轉的方向，強推歐洲式的社會福利政策，極大地，加重了美國的財政成本和負擔。

如果說，八年前，歐巴馬的當選，是在「政治正確」的氛圍下，那麼，八年後，川普的當選，就是在反「政治正確」的氛圍下。美國人民厭倦了「政治正確」，厭倦了高談闊論的人道主義，厭倦了慷慨無度的國際主義。美國民眾需要的，是回歸自我的「美國主義」。

對美國主流媒體而言，川普的大勝，是意外，是爆冷門。用主觀願望代替客觀分析，是美國主流媒體在這一輪大選中犯下的大錯。川普不僅戰勝了建制派，也戰勝了主流媒體，後者是建制派的側翼。主流媒體收集的民意測驗，片面而不可靠，卻一再發布，並一再做出柯林頓會勝出的預測。不可靠的民意測驗和主觀的大選預測，誤導了柯林頓陣營本身，讓他們以爲勝券在握而有所鬆懈；也誤導了各國政府，讓他們以爲川普現象只是一個泡沫。

柯林頓失敗，還在於美國的政治週期。一九四〇年以來，只有共和黨曾創造同一個政黨連續執政三個任期的唯一記錄：雷根（Ronald Reagan）總統兩屆任滿之後，其副總統老布希（George H. Bush）當選。而民主黨還不曾有過連續當政三屆的記錄。柯林頓要打破這個魔咒，殊非易事。

作爲女性，柯林頓已經創造了一個歷史，那就是她成爲首位大黨女性總統候選人，但是，她未能創造另一個歷史，即未能成爲首位女性總統。如她所說，美國女性還沒有「打破那最高最硬的玻璃天花板」。

美國政治劇變，中國是主因

如同台灣和香港的政治生態演變，在很大程度上，都是拜中共的惡意和惡行所賜。發生在二〇一六年的美國政治劇變，從某種意義上而言，也是拜中共的惡意和惡行所賜。北京無視國際規則，高築關稅壁壘，人爲製造巨額貿易逆差，大規模竊取知識產權，蓄意損傷和削弱美國，損人自肥，自我壯大。

世界貿易組織的資料顯示：一般商品，美國對中國產品徵收三．六％的關稅，中國卻對美國產品徵收九％的關稅；農產品，美國對中國農產品徵稅四．四％的關稅，中國卻對美國農產品徵收平均十五．六％的關稅；汽車，美國對進口汽車徵收二．五％的關稅，中國卻對進口汽車徵收二十五％的關稅。

在這種不對稱、不公平的關稅壁壘下，美中貿易逆差每年高達三六〇〇億美元，構成美國對外貿易逆差總數的一半左右。而中國竊取美國知識產權，愈演愈烈。多年前，美國就有報導指出：因為中國的瘋狂竊取，美國在知識產權方面，每年損失高達數千億、乃至上萬億美元。所以這些，被競選中的川普比喻為中國對美國的「強姦」。

二〇一七年二月，美國私營監督機構「美國知識產權盜版委員會」發布報告，美國每年因假冒偽劣商品及網路駭客活動，至少損失二二五〇億至六〇〇〇億美元。僅商業機密盜竊一項，每年就導致美國高達一八〇〇億至五四〇〇億美元的經濟損失。報告的結論與美國情報部門稍早的調查結果大體一致。美方估計，二〇一五年的網路駭客行為至少造成了美國約四〇〇〇億美元的經濟損失。「美國知識產權盜版委員會」將中國列為全球最大的侵權盜版和假貨製造國。經美國入境查扣的假冒商品中，有多達八十七％來自中國。報告認為，中國政府助長了知識產權的偷盜活動。

依靠操縱匯率、低價傾銷、盜竊知識產權和商業機密而崛起為暴發戶的中共，憑藉財大氣粗，猛增軍費軍備，在南海和東海兩面擴張，公開炫耀其龐大武力，無所顧忌地威脅和擠壓鄰國。肆意挑戰國際秩序，嚴重威脅世界和平。

當此之際，世界呼喚美國，美國呼喚自強。於是，強烈主張「讓美國再次強大」的川普總統，應運而生。

二〇一六年美國大選，力挺川普的美國選民，其潛台詞是：既然，其他國家，如中國，都那麼自私，就讓美國也自私一回；既然，其他國家，如中國，都不遵守規則，那麼，就讓美國也遠離規則一回。

舉凡亞太地緣政治惡化、地區軍備競賽、核軍備競賽、貿易戰開打、全球化退潮，把世界拉回冷戰，甚或推向第三次世界大戰，基本上，都是中共惹的禍。

死守既得利益、堅持對內鎮壓對外威脅的中共，早已成爲全球最大公害。「出來混，遲早是要還的。」香港電影《無間道》裡的這句黑道名言，最符合中共的此情此景。自作自受的中共，準備吞食它自己釀造的苦果和惡果。

川普與習近平，都是「壞孩子」

二〇一二年十一月，習近平成爲中國最高領導人，以政治強人的姿態，統治第二大經濟體，其影響力，波及世界。四年之後，二〇一六年十一月，川普當選美國總統，同樣以政治強人的姿態，掌管第一大國，其影響力，衝擊世界。

習近平與川普，前者是北京小圈子指定的紅色繼承人，後者是美國民眾投票選出的新任總統。表面上，兩者出處不同，政治環境也迥然不同。然而，內在地，在個性和品質上，兩人卻有不少共同點。至少可以舉出三點：

一、曾經都在十三歲出事

習近平十三歲時，正值毛澤東發動文化大革命。習近平的父親習仲勳早已被毛澤東投入監獄。習近平淪爲「黑五類」、「狗崽子」。因爲說了幾句反對文化大革命的話，十三歲的習近平也被打成「現行反革命分子」，遭群眾大會批鬥，並關押起來。習近平飢餓難當，曾從關押處逃跑回家。沒想到，母親齊心不僅冷漠地拒絕他，不給他食物，還跑到政府，狠心舉報兒子。習近平只得隻身逃走。在公園椅子上躺了一晚上之後，被當局抓獲，送進「少年管理所」，強制實施「勞動改造」。

中國的「少年管理所」，除了關押少數像習近平這樣的「黑五類」、「狗崽子」，大多數被關押的，都是社會上的不良少年，諸如偷盜、搶劫、打架、鬥毆的壞孩子。習近平與這類壞孩子關押在一起，長達三年，不可能不受到耳濡目染，正所謂：近朱者赤，近墨者黑。習近平很可能感染了一身壞孩子習氣，蠻橫、狠毒、不講理，迷信拳頭和暴力。這些特質，有助於習近平應對厚黑風氣濃厚的中國官場。以致於，成爲最高領導人之後，習近平的言行中，時不時地，還流露出「壞孩子」的習氣。

川普出生於美國紐約皇后區富裕人家，從小頑皮搗蛋，不守紀律。在學校時，不斷闖禍，諸如打架、欺負低年級同學、扯女同學頭髮、向老師投擲橡皮擦。有一回，他認定音樂老師不懂音樂，竟然伸手打向老師的眼睛，爲此差一點被學校開除。

川普父母爲此傷透腦筋，萬般無奈之下，只好把十三歲的川普送到紐約軍事學校讀書，希望「矯正兒子的壞習慣」。在美國，軍事學校所接納的，都是那些父母難管、一般學校也管不了的初中生或高中生，換言之，都是壞孩子。

川普在回憶中，對自己在軍事學校這段經歷，記憶深刻，認爲正是這段經歷，改造了他的性格，爲日後的成功打下了基礎。然而，川普一定也從壞孩子成堆的軍事學校裡，學到了更多壞習慣，包括罵髒話、傲慢、敢於對抗、對他人不屑一顧。這些素質，對他的從商和從政經歷，既有幫助，也留下後患。即使競選和當選總統後，不經意地，仍然會顯露出這類「壞孩子」的痕跡。

二、都不喜歡媒體

習近平上台以來，鼓吹「媒體姓黨」，這個「黨」，指的是共產黨。不容媒體游離於共產黨的控制之外。而隱含的眞正意思，還有一層，就是「媒體姓習」，讓中國所有媒體處於習近平一人掌控之下。在習近平任內，媒體遭查處、主編遭撤職、記者遭關押等迫害人權的事件層出不窮。大力扼殺言論自由和新聞自由，成爲習近平集權的特色之一。

川普是依靠民主程序、全民投票產生的總統。然而，由於其個性與偏見，與媒體關係惡劣。競選期間如此，當選和上任後仍是如此。由於無法容忍主流媒體對他的批評，川普竟斥責一些主流媒體是「人民的敵人」。這種語調，已經有幾分像共產黨統治者。更嚴重的是，川普下令，不准《紐約時報》、CNN、《洛杉磯時報》和網路雜誌《Politico》出席白宮的例行新聞發布會，更是創下美國歷史罕見先例。《紐約時報》曾發表一幅漫畫，標題是「如何管住媒體，川普學習中國」。

筆者曾說過一句話：「當今之時，如果中國要超越美國，就要模仿美國。」意思是，中國民主化，才可能趕上或取代美國在世界上的地位。筆者還說過一句反諷的話：「當今之時，如果美國要超越中國，就要模仿中國。」意思是，美國只要自私自利，不擇手段，就可能讓美國經濟趕上或超過中國經濟的增長速度。後一句話，當然是諷刺的意思。

三、都是「白字大王」

習近平經常謊稱、炫耀自己讀書多，卻是一個「白字大王」，多次露餡。二〇一六年九月四日，在中國杭州舉辦的二十國集團領導人峰會上，習近平講話，談到全球化時，引用中國古語「輕關易道，通商寬農」。卻把「寬農」讀成「寬衣」，釀成最大笑話。「寬農」，是放寬農業、寬待農民的意思，「寬衣」，卻是脫衣服的意思。習近平讀錯字，證明他並不知道這句古語，只是照讀秘書寫好的稿子。在中文簡體字裡，「農」（农）和「衣」字，筆畫相近，讓習近平誤以爲，這個詞應該讀成「寬衣」。這也從一個側面證明，中共文化主導下的簡體字，有多麼害人！

中國網民由此又給習近平贈送了一個綽號：「寬衣帝」。因爲「寬衣」二字，多用於皇帝、高官或宮廷之中。中國網民還譏諷，習近平「寬衣」，印證安徒生童話《國王的新衣》。因爲身邊沒人敢指出他的錯誤，於是就成了《國王的新衣》裡面那個被騙子耍弄得不穿衣服、一絲不掛的國王。

生長於美國、並不認眞讀書的川普，也是一個「白字大王」。川普以愛用推特（Twitter）而著稱。二〇一六年十二月十七日，川普在推特上發言，譴責中國搶奪美國的潛航器，原本要用「前所未有的行爲」（unprecedented act），卻拼寫成了「沒有總統的行爲」（unpresidented act），引發美國網民群起嘲笑。之前，川普還把「等待」（wait）錯寫成「waite」。把「荒唐的」（ridiculous）這個詞，錯寫成了「rediculous」，而英文裡並不存在這個詞。

習近平上任之後，在南海和東海採取擴張態勢，大膽動作，直接挑戰美國的世界霸主地位。川普競選期間，重炮轟擊中國；當選之後，更是毫不客氣質疑「一個中國」，直接挑戰習近平。川普與習近平槓上，針尖對麥芒，針鋒相對，狹路相逢，短兵相接，開始了美中鬥爭的新階段。

競選期間，川普說過這樣的話：「美中之間最大的逆差，是領導人智慧的逆差，中國領導人很有智慧。」意指歐巴馬不會談判和鬥爭，與中國打交道，陷於被動，受制於人。這裡所謂中國領導人的「智慧」，不過就是不擇手段的厚黑學，是邪惡的「智慧」。

在平壤，有胡作非爲的金正恩，爲了權力，動輒大開殺戒，濫殺部屬，連親族都不放過，更在核訛詐、核威脅的邪路上越走越遠。在北京，有強硬橫蠻的習近平，爲了集權，扼殺言論，逮捕異己，對內鎮壓，對外威脅，不惜製造區域衝突，冒險世界大戰。如今，在華盛頓，有了特立獨行的川普，第一個不像美國的美國人（un-american），第一個不像君子的美國總統。他可以講理，也可以不講理，就看對手是誰，如果對手是習近平和金正恩，他將以強硬對強硬、以狡詐對狡詐、以厚黑對厚黑。美國出了個川普總統，從某種意義上而言，是形勢所逼，形勢比人強。

第二章★

中國人支持川普，選前選後大不同

「黨爭無底線已然演變成道德無底線。」

「令選民看到沒有最低，只有更低。」——中共新華社

「特朗普當總統，曾加速美國的滅亡和中國的崛起。」——中國極左網民

中國媒體潑污美國民主

二〇一六年，美國大選期間，遠在北京的中共官方喉舌，諸如新華社、《人民日報》、《環球時報》等，連篇累牘地發表文章，評說美國大選，展開對美國民主制度污名化的大轟

炸。限於篇幅，本書只解剖其中數例。

標題之一：「失望、失落、失信、失靈——美國民眾緣何厭倦大選鬧劇」（《人民日報》）

該文以「兩位總統候選人都不太招人喜歡」爲由，推出美國民眾已經厭倦大選的結論。其實，只要反問：如果美國民眾當眞厭倦了大選，何來超過一億人觀看總統候選人電視辯論、創下歷史新高記錄？另外，美國民眾不僅可以用言論、而且可以用選票來表達對政客的不喜歡，對比之下，中國民眾能否用言論、進而用選票來表達他們對領導人的不喜歡？

該文又以「主流媒體幾乎一邊倒地力挺柯林頓」、「但輿論的浪潮卻又沒能擋住川普的出線與崛起」來論證「原有的（美國民主）體制正在失靈」。然而，這恰恰是在美國這樣的民主制度下才能呈現的景觀：當人們厭倦了體制內的政客，便可以支持一個體制外的新人來代表他們，挑戰現有政治格局，角逐總統寶座。

而在中國，如果有體制外的人出來挑戰現有政治格局，此人只有坐監獄的份，遑論成爲候選人！且不說體制外的人，就連體制內的人，如果膽敢出來挑戰現有政治格局，也只會被當作「野心家」和「陰謀家」而慘遭整肅，前有劉少奇、林彪等人，後有薄熙來、周永康等人，要麼非正常死亡，要麼把牢底坐穿。

美國政治體制的活力與中國政治體制的僵死，由此可見一斑。失信、失靈的，恰恰是中國政治制度；失望、失落的，與其說是美國選民，不如說是毫無安全感而動輒需要百萬人安保的中共領導層。

說到「鬧劇」，筆者早有論述：民主的常態是鬧劇，鬧劇的結局是喜劇；專制的常態是啞劇，啞劇的結局是悲劇。這個悲劇，甚至可能大到「千百萬人頭落地」，如史達林時代的蘇聯和毛澤東時代的中國。

標題之二：「美大選再創底線新低度」（新華社）

該文以川普的「錄音門」和柯林頓的「電郵門」被炒作爲由，推論出「黨爭無底線已然演變成道德無底線」、「令選民看到沒有最低，只有更低」。

所謂「錄音門」，指的是川普於十　年前在更衣室的一段不雅言談，表現出對女性的不敬。如果說，川普的不雅言談就是「道德無底線」，那麼，中共高官流行的通姦與淫亂行爲，是否還算道德有底線？那是更低還是最低？

所謂「電郵門」，指的是柯林頓曾誤用個人郵箱處理公務。如果說，柯林頓用錯郵箱就是「道德無底線」，那麼，中共領導層及其家族的集體腐敗、大規模向外國轉移財產，是否還算道德有底線？那是更低還是最低？

時值大選，川普和柯林頓的個人操守被拿到放大鏡和顯微鏡下來讓公眾檢視，恰恰說明，美國政治，道德有底線！

標題之三：「美式選舉的比較優勢看來真耗盡了」（《環球時報》）

原來，中共從來就承認美式選舉具有比較優勢，爲何從來不對中國民眾說明白？如今忽然說這個比較優勢「看來眞耗盡了」，那麼，哪種選舉更有比較優勢？是北韓的勞動黨「選舉」？還是中共的人大「選舉」？

就在美國大選期間，中國爆出遼寧省人大賄選案，該省六一九名省人大代表中，四五四人靠賄選上位；該省一〇二名全國人大代表中，四十五人靠賄選上位。這還只是爆出了遼寧省的賄選醜聞，其他省市無可倖免。

標題之四：「大熔爐要熄火，美國何去何從？」（《環球時報》）

相比於中國官媒的其他文章，該文還算相對理性一些，模稜兩可地說：「這些不一定都是壞消息，既可能是美國式民主的終結，也可能是美國眞正民主化的開端。」該文聲稱：因爲移民，「人口結構變化增加了美國民主政治的運行難度。」但又承認，「二〇〇八年，美國人選出了第一位非洲裔總統，少數族裔、尤其是非洲裔美國人的支持是歐巴馬競選成功的關鍵。」

明明說的是大熔爐在進一步形成，且承認，連少數族裔都能選出他們屬意的人當總統，證明美國民主制度了不起，但標題卻安了個「大熔爐要熄火」，明顯文不對題。筆者順便問一句：在中國，有無可能推舉藏族精神領袖達賴喇嘛爲國家元首？

中共喉舌的宣傳，歷來任意翻轉。國內有事，「壞事變好事」，諸如沉船或火災，趁機突出黨和政府的「救援」和「恩情」；外國有事，「好事變壞事」，諸如示威或選舉，藉機塑造外國的「亂象」和「危機」，讓中國人誤以爲：外國不好，只有中國好；民主制度不好，一黨專政最好。

針對美國大選，中共喉舌竭盡造謠、貶低和污名化之能事，部分遭洗腦的中國人跟著起闃，煞有介事。其實，中共及其擁護者的表現，應驗的，還是那兩句老話：「和尚聽淫聲，太監議房事。」那些連選舉權都沒有的可憐的中國人，卻紛紛妄議和嘲弄美國大選，在美國人看來，眞該啼笑皆非；拿習近平的話來說，這些中國人，可眞是一夥「吃飽了沒事幹的外國人」！

二〇一六年的美國大選，美國總統候選人在辯論中互相揭短、揭醜，表面而言，令人遺憾，但也恰恰說明，在民主制度下，政客私德被攤開在放大鏡和顯微鏡之下，受到嚴格檢驗。對比之下，如中國這樣的專制國家，一切都隱藏在黑幕之後，政客台前道貌岸然，台後男盜女娼，公眾幾乎看不到眞相。只有在權力鬥爭中落敗的官員，才最後被曝光腐敗與淫亂的驚人內情。

利用美國候選人彼此揭短的情節，中國官方媒體趁機詆毀美國民主制度，力圖引導中國民眾以爲，民主制度不好，還是一黨專政最好。殊不知，正是民主制度，使美國避免了諸如中國官場那種大規模的買官賣官、官商勾結和權錢交易。如果說，美國總統候選人的「污點」主要體現在不慎不雅的言語上，中國領導人則是實實在在地體現在行動上：貪污、受賄、洗錢、向外國轉移資產，動輒數以億計；而包養二奶、小三、情婦、涉嫌性侵等荒淫故事更是不計其數。

美國政治，如果按照中國的邏輯

中國媒體報導美國大選，貫穿中共的政治目的：試圖引導中國人民去質疑美國的政治制度，把競選中出現的不同主張和不同聲音，說成是美國民主的「亂象」；把特立獨行的川普現象，說成是美國民主的「衰敗」，進一步宣揚「美式民主沒落論」。他們竭力避免讓中國民眾認識到這樣的事實：不同聲音的存在，正是民主的常態；川普現象的異軍突起，正體現美國社會長盛不衰的活力。

其實，二〇一六年的美國大選，拆穿了中共對美國民主污名化宣傳中一個長期而重大的謊言：「美國大選，都是由金錢操控，當選人都是美國財團或利益集團的代言人。」沒有多少財團捐款、主要由自己出資、依靠工人階級選票的政治素人川普，打敗了擁有眾多大財團資助、主流媒體背書、現任總統站台的顯赫政治世家柯林頓。

按照中共的邏輯，民主制度已經「瀕臨窮途末路」，美國應該效法中國的一黨專政。比如，從二〇一六年開始，由民主黨當家，長期執政。新總統的產生，無須再經由大選，而應該由現在的民主黨高層內部商定，幕後搞定。作爲反對派的共和黨，應該取締，其領導人和官員，都應該被視作「異議人士」，悉數投入監獄。

在民主黨的一元化領導下，媒體姓黨，軍隊姓黨；大型企業國有化，也姓黨，且由民主黨高層的子女掌管；把巨大國家資產都放在這些民主黨「太子黨」手中，美國「各族人民都放心」。網路封鎖，由秘密警察監控、審查、過濾，旅美華人再也打不開任何中國網站；民主黨培植大量水軍，上網主導言論，貫徹黨的意志；發現言論不合黨意者，即上門抓捕。如此，再不怕什麼抗議、示威、顚覆。順便說一句，既然是一黨專制，美國領導人也就不要叫什麼「總統」了，而應該改稱「總書記」。

如此「革命」後的美國，將是何等狀態、何等面目？不問普通人，只輕聲地，問一句中共領導人及其家屬，到那時，你們仍然願意將你們的子女送去美國留學、居住或入籍嗎？

儘管中共當局三令五申，不得直播、轉播，儘管中共網特（網路特務）明察暗訪，強令中斷直播、轉播，但中國人民對美國大選的關注與熱情，臻於空前。被剝奪了投票權的他們，對美國大選，用心展望，用手指「投票」。

美國大選，美國民主制度的完勝，再一次，給中國人民上了生動的一課。作爲中國人，每一個中國人，都應該百次地、千次地問自己：我爲什麼沒有選舉權？我爲什麼沒有選票？什麼時候，我自己，才有權利選舉國家領導人？什麼時候，我自己，才有權利競選公職？

有朝一日，中國人民，只有像美國人民那樣，堅決地，牢牢地，把選舉權和選擇權掌握在自己手上，才能切實地，掌握國家、民族和個人的命運。

力挺川普的中國人，心態複雜

二〇一六年的美國大選，也把中國人分成兩個陣營，不論他們身處國內還是國外。選舉前，支持民主化的中國人，多數支持柯林頓，原因是，他們以爲，柯林頓更關注人權而川普不提人權；支持中國政府或中國現狀的中國人，多數支持川普，原因是，他們以爲，川普是商人，只關注利益，柯林頓則主張「圍堵中國」，故而，川普當選對中國（當下的共產中國）更有利。

然而，選舉後情況卻反轉過來。支持民主化的中國人，轉變爲多數支持川普，因爲他們發現，川普的政策不利於中共；支持中國政府或中國現狀的中國人，轉變爲多數反對川普，因爲他們發現，川普的政策處處針對中國，因而後悔不迭，捶胸頓足。選舉期間在美國成立的「華人支持川普粉絲團」（簡稱「川粉」）紛紛解散，做鳥獸散。

需要說明的是，當下，源於中共的強勢統治和全面的輿論控制，大多數中國民眾遭洗腦，他們誤以爲中共就是中國。因而，表面上看來，支持中國政府或中國現狀的中國人占多數。在二〇一六年美國大選期間，多數中國人偏愛川普。支持川普的國內外中國人，比例很高，有說高達五十四％，有說高達八十三％。如果讓中國人投票選舉美國總統，川普在選前就已經贏定了。

何以如此？需要解析中國人的集體心態。這裡，暫不解析那些具有民主理念、因贊同共和黨「小政府、大社會」治國主張而支持川普的海內外華人，他們擁有正常思維。這裡解析的中國人，主要指那些被中共洗腦的、把中共與中國混爲一談的中國人。

這些中國人喜歡川普，希望川普贏，出於多種心態，包括：川普是富豪，有錢，中國人出於對金錢的追逐、對財富的痴迷而喜歡川普；川普是成功的房地產商人，而中國的富豪，大多起自房地產，從房地產淘金，成爲中國式致富的固定模式。因而，身爲美國房地產大王的川普，成爲熱衷房地產、渴望擁有房地產的中國人心目中的偶像。

川普主張嚴格限制非法移民，要求在美墨邊界修築圍牆，這符合中國人天生的排外心態；川普反感穆斯林，甚至有「不准穆斯林入境」的說法，這符合中國人固有的種族歧視心態（中國漢人素來歧視維吾爾人和西藏人）；川普主張嚴打恐怖主義，這符合中國人缺乏安全感、追求安全第一的生存意識。

川普以強人姿態出現，又暗合了中國人對強人政治的偏好，而這種偏好，恰恰又是長期遭受奴役後所培植的心理慣性，這「受虐狂或類受虐狂的心理慣性，與俄羅斯民族所表現的，完全一致，而且，有過之而無不及。

川普競選期間，從未表達對中國人權問題的關注，反而說過這樣的話：一九八九年，中國政府對「騷亂」的鎮壓，顯示出這個政府的力量。這個表述，立即受到了人權界的批評，但川普事後解釋說，他的表述是中立的，並沒有讚許中國政府的意思。

其實，就算川普總統不願觸及中國的人權問題，但美國民主制度的基石並沒有動搖，有參眾兩院組成的國會，有「無冕之王」之稱的新聞界，還有林林總總的民間人權團體，他們都不會放棄人權話題，也不會放棄對政府的遊說和壓力，國會的人權聽證會也不會停止。因此，諸如中國這類專制國家的人權問題，將始終是川普當政後無法迴避的經常議題。

競選中的川普，只談生意，不談人權，在中國人看來，這很現實，符合當下中國人實用主義和功利主義的民族性。川普不僅不談人權，還表示，美國沒必要充當世界警察，這符合中國人不管閑事的守舊心態。

在這一點上，中國人把對柯林頓的不滿，轉化為對川普的支持。在不少中國人看來，柯林頓留給他們的印象，是批評中國人權紀錄，而且，更令這部分中國人惱怒的是，在國務卿任內，柯林頓親自制訂了「重返亞洲、圍堵中國」的戰略。

黨國不分的那些中國人，誤以為像柯林頓這樣傳統的美國政治家，對中共的反感，就是對中國的反感；對中共的批評，就是對中國的批評。這部分中國人，至今不明白，美國對中共的批評，對共產中國的圍堵，就是對中國人民的最大支援。

其實，在美國的政治家中，屬於民主黨的柯林頓夫婦，還算不上反共的最堅定者，也算不上是維護人權的最堅定者。他們曾經對中國獨裁者妥協，比如，給予共產中國最惠國待遇，以致於留下今日後患。巨大的美中貿易逆差，就是後患之一。與共和黨的雷根總統這樣堅定的人權捍衛者和偉大的民主推廣者相比，柯林頓夫婦維護人權的言行，只能算是保持在道德基準線上，僅僅是守住了西方政治家的價值底線。

但是，在飽受中共洗腦而淪爲腦殘的中國人群裡，柯林頓的人權言論已經讓他們受不了，柯林頓圍堵共產中國的戰略，更讓他們抓狂。這部分中國人，支持川普，乃是熱切地盼望川普能夠打敗柯林頓。還有中國人以爲川普「只會亂來」，故而幸災樂禍地以爲：「特朗普當總統，會加速美國的滅亡和中國的崛起。」因而「支持」川普，盼望他贏。

爲此，他們興致勃勃地參與美國民主政治。這部分中國人希望川普贏的願景，可以總結爲一句話：以對美國民主的參與，達到對中國專制的捍衛。

這部分中國人，未能意識到，在中國，他們被剝奪了選舉權，但他們參政議政的原始慾望依然存在，因而，把他們在中國無法實現的參政議政的慾望，轉化爲對美國大選的盎然興趣。他們是中國公民，卻無法在中國投票；他們不是美國公民，也無法在美國投票，於是，用主觀願望爲美國投票；而一旦他們有機會變成美國公民，可以行使投票權時，他們會選擇性地參與美國政治，比如積極參與這次大選。但潛意識裡，並非認同美國的民主，而是爲了捍衛中國的專制。

他們無法意識到，這種心態和行爲之間的自相矛盾和巨大諷刺性，更無法意識到，包含於其中的深重悲劇，身爲奴才的最大悲哀，莫過於把悲劇當作喜劇的忘我演出。正如魯迅所言，這些中國人，「不但安於做奴才，而且還要做更廣泛的奴才，還得出錢去買做奴才的權利。」

這些中國人還曾迷信川普說出的這句話：「中國很偉大，我愛中國。」「我每年從中國賺進數百萬美金。我愛中國，我愛中國人！」這是川普面對支持他的華裔人群（所謂「川普粉絲團」）所說的話。殊不知，川普面對拉丁裔人群時，說出類似的話：「我僱用成千上萬的拉丁裔，我愛拉丁裔，他們是偉大的工人。」習慣說「我愛」，習慣讚揚對方「偉大」，是典型的美國文化。而對不同選民群體說「我愛你們」、「你們很偉大」，又是商人出身的川普下意識的推銷術。

川普收緊移民政策，華人著慌

川普上任後，立即收緊移民管制。僅此一項，就足以讓支持他的中國人後悔。許多旅美的中國人紛紛取消訂好的機票，暫時不敢回中國，擔心返回時在美國海關遭遇盤查，從此一去不返。一時間，在筆者居住的紐約，幾大中國城裡，人們議論紛紛，人心惶惶。

川普的矛頭，主要針對穆斯林國家，但卻引發旅美中國人的恐慌。其中，有獲得綠卡、卻隱瞞收入而領取美國政府福利的中國人，川普政府抨擊並有意查辦這些欺詐者；有提供假材料、假證明而獲得政治庇護者，獲取綠卡後，便大搖大擺地來往中美兩地的中國人，如今可能在美國海關遭到盤查、綠卡遭取消；還有在美國定居、言行卻處處向著中共、甚至爲中共辯護、支持一黨專政的中國人，川普有言：「我們歡迎那些熱愛美國的人，我們不歡迎那些對美國抱著敵意的人。」

第三章★川普大打「台灣牌」，習近平威脅蔡英文

「有意思，美國向台灣出售數十億美元軍備，但我卻不該接受一個祝賀電話！」

——唐納・川普，美國當選總統

與台灣總統通話，川普拋出震撼彈

「台灣總統蔡英文今天給我打電話祝賀我當選總統，謝謝！」二〇一六年十二月二日，候任總統川普在推特上發出這樣一句話，激起軒然大波。

當天，川普與台灣總統蔡英文通話十分鐘。美台首腦互動，打破了自一九七九年美台斷

交以來的堅冰。這次通話，不是意外，也不是偶然，而是美台雙方精心謀劃、共同推進的戰略互動。

美國和國際主流媒體紛紛表示詫異，以爲川普是「政治素人」，「不熟悉外交」、「不懂國際政治」，大加批評。他們認爲，川普與台灣總統通話前，應該知會北京，「問問中國」。歐巴馬政府則說，川普與外國領導人通話前，應該諮詢（現任歐巴馬的）美國國務院。北京趁機向歐巴馬政府施壓，要求美國「不允許台灣領導人過境停留」。

「有意思，美國向台灣出售數十億美元軍備，但我卻不該接受一個祝賀電話！」面對北京的不滿、歐巴馬政府的挑剔、主流媒體的大驚小怪，川普如是回答。

川普反問：「中國貶值其貨幣（讓美國企業難以競爭），可曾問過我們？中國對美國產品徵收重稅（我們可沒對他們徵收重稅），可曾問過我們？或者，中國在南海修建規模龐大的軍事設施，可曾問過我們？」

不得不承認，川普的反問，非常有力！在小布希和歐巴馬任內，華盛頓處理美中關係，相對被動，都是北京主動製造問題、製造麻煩，華盛頓被動地解決問題、解決麻煩，疲於應付。諸如，北京在東海挑釁、在南海擴張、在幕後製造北韓核危機等等，北京在製造這些問題的同時，又拿這些問題當籌碼，要挾美國，與華盛頓討價還價，甚至漫天要價。中共厚黑集團從中獲利，不正當地獲取「暴利」。

北京的這套把戲，似乎很容易哄騙以歐巴馬爲代表的美國「書生」，但卻騙不過川普這樣的老練企業家。

「我不想讓中國對我發號施令。」「一次很愉快的電話交談，很短；爲什麼另外一個國家可以說，我不能接一個電話？」川普還說。

柯林頓曾考慮出賣台灣、抵償國債

面對川普新政，一些美國或國際主流媒體仍然沒有醒悟過來，它們是如何誤讀了美國民意、如何誤判了美國選情，又如何「輸掉」了美國大選。直到川普當選後，它們還試圖對川普指手畫腳。

幾屆美國政府對暴戾無道的北京獨裁者忍氣吞聲、歐巴馬甚至對臭名昭著的卡斯楚政權雪中送炭，這些自以爲「政治正確」的美國主流媒體，對此卻並沒有強烈反應。如今，反倒對民選的美國總統川普與民選的台灣總統蔡英文之間的友好互動大驚小怪。他們所謂的「政治正確」，實爲「政治不正確」。

在遭到公開的柯林頓私人電郵裡，曝光一件舊聞：二〇一一年，時任美國國務卿的柯林頓，與她的外交政策顧問傑克．蘇利文（Jack Sullivan）通信，傑克．蘇利文提到《紐約時報》的一篇文章〈拯救我們的經濟，拋棄台灣吧！〉，該文建議：「終止美國對台灣軍售、廢止美台防衛協議，換取中國放棄美國對中國一．一四兆美元債務。」柯林頓對這個建議很感興趣，她回覆傑克．蘇利文：「我看到了這篇文章，我覺得這個想法很聰明，讓我們來討論吧！」可見，在「政治正確」印象下的柯林頓，竟然考慮出賣台灣。

「一中」政策過時，川普質疑有理

「我完全了解『一個中國』的政策，但是，如果我們不能跟中國在其他問題、包括貿易問題上達成協議，我不明白我們爲什麼還要受縛於『一個中國』政策。」

這是繼二〇一六年十二月二日與台灣總統蔡英文通話九天之後，二〇一六年十二月十一日，美國備位總統川普再次就美中台關係表態，直接挑戰近半個世紀以來的「一中政策」。在國際間再次投下震撼彈。

二〇一七年一月十三日，即將上任的川普，在回答《華爾街日報》的提問時，又說：「一切都在談判之中，包括『一個中國』。」「除非中國在匯率和貿易上讓步，否則，美國不一定遵行『一個中國』政策。」

川普的這幾句話，聽上去，有兩層含義：其一，如果中國不在貿易等問題上讓步，美國就可以放棄「一中」政策，以示反擊；其二，如果中國在貿易等問題上讓步，美國就可能繼續維持「一中」政策。

顯然，川普打破陳規，與蔡英文通話，除了價值取向，還有戰術與策略意圖，有意拿台灣當籌碼，對付中國。至少，可以重新打「台灣牌」，逼北京在諸多議題上讓步和後退，包括美中貿易逆差與南海紛爭。

如何處理新世紀的美中台關係？擺在川普桌而上的，其實，有多項選擇：

其一，「一個中國」。像過去近四十年來歷屆美國政府因循守舊的那樣。然而，當初的「一中」政策，是華盛頓對北京的遷就，基於美國「聯中抗蘇」戰略的需要。隨著蘇聯解體、東歐解放、冷戰結束，中國已經不再具有那樣的戰略價值。換言之，美國已經具備改變「一中」政策的現實和民意基礎。

曾遭美國遺棄、淪爲冷戰犧牲品的台灣，不公平地，被長期孤懸於國際社會之外。儘管，處境艱難如此，但，經濟上，台灣依然躋身亞洲「四小龍」之列；政治上，台灣依然轉型爲亞洲民主楷模。在浩蕩的太平洋裡，台灣，如一枚遮不住光亮的珠貝，熠熠生輝，反襯這個世界的庸俗與齷齪。遲來的川普總統，質疑「一個中國」，符合國際現實與文明潮流。

其二，「兩個中國」。美國既承認中華人民共和國，也承認中華民國。這種情況，類似現實中的朝鮮半島處境，南韓和北韓分別都得到國際社會承認、分別都是聯合國成員。也類似統一前的德國處境，西德和東德分別都得到國際社會承認、分別都是聯合國成員。

如果美國改而奉行「兩個中國」政策，更容易影響其他國家跟進，進而獲得整個國際社會的響應。即便在中國大陸人民那裡，也更容易得到呼應。渴望民主的中國人，將支持中華民國；遭中共愚弄的中國人，則暫時依附中華人民共和國。

其三，「一中一台」。在外交上，美國既承認中國，也承認台灣，而台灣不必拘泥於「中華民國」這個國名。這是大多數台灣人、尤其是追求獨立的台灣人所願。

如此一來，台灣人民必歡欣鼓舞，但在中國大陸那邊，可能引發統獨問題的激烈紛爭。如果沒有中國的民主化來及時承載和化解這一紛爭，在一黨專政下，這一紛爭，可能給執政的共產黨帶來壓力——引發民族主義大火；或是口實——導致共產黨進犯台灣的蠢動。

拿川普沒辦法，習近平恐嚇蔡英文

針對川普與蔡英文通話，北京發怒、跳腳，卻故意衝著台灣撒野，聲稱「這只是台灣方面搞的一個小動作」。對川普陣營，北京語帶克制地威脅：「給中美關係製造麻煩，就是給美國自己製造麻煩。」欺小避大，欺軟怕硬，這是典型的中國式實用主義，庸俗而勢利。在美中台關係中如此，在美中日關係中也是如此。其實，在美國人眼裡，這正應驗北京的道德缺失。

中國無法報復美國，就報復台灣；習近平拿川普沒辦法，就恐嚇蔡英文。這就好比綁匪手上有人質，如果有人來解救人質，人質呼救，綁匪就拿人質出氣，先恐嚇人質，不准呼救，否則先拿你開刀。

習近平「懲罰」蔡英文？施出兩招：其一，開挖台灣邦交國牆角，用金錢買走台灣的邦交國，反正中共手上有的是錢。於是，就在蔡英文與川普通話後不久，在中國政府的暗中運作下，二〇一六年十二月二十日，原屬台灣的邦交國、位於非洲的聖多美和普林西比（The Democratic Republic of Sao Tome and Principe），與台灣斷交，而與中國建交。

其實，從戰略上來說，台灣與非邦交的美國、日本和歐盟等大民主體的關係，比邦交的二十來個小國關係更爲重要。若因台美關係強化而失去若干邦交小國，對台灣而言，得大於失。

其二，出動軍機與航母，繞台灣航行，近距離恐嚇。派出以「轟－6K」戰略轟炸機爲主的解放軍空軍編隊，繞飛台灣。中國官媒甚至宣稱，這個解放軍空軍編隊「飛越台灣，與玉山合影」，並公布了照片。玉山，是台灣境內最高山脈。但台灣政治人物指出：中國軍機不可能飛越玉山，更像是合成照和假新聞，目的是恐嚇台灣民眾。另外，習近平還派出以「遼寧號」航空母艦爲首的解放軍海軍編隊，大搖大擺地穿越台灣海峽，耀武揚威。

中共隨後還在南部戰區部署了瞄準台灣的東風－16型彈道導彈（DF-16），據稱，這種新型中程導彈，具有突破導彈防禦網的技術，準備發射時間短，對台灣具有更大威脅力。

北京繼續阻止各國向台灣出售先進武器和軍備，台灣被迫啓動自造武器和軍備的計劃。二〇一七年三月，身兼國軍總司令的台灣總統蔡英文，親自啓動了台灣自造潛艇的項目，以強化台灣的水下戰鬥力。

多年的歷史證明，北京對台灣或香港的每一個打壓動作，幾乎都加劇了後二者的反感和遠離，這一次也不會例外。台灣與中國越走越遠，香港與中國離心離德，除了當地的民主化與本土化，與專制深重的中國大陸形同兩個截然不同的世界。更重要的原因，在於北京理念扭曲和政策錯誤，一方面，價值觀落後，與世界潮流格格不入；另一方面，手法粗暴，與文明世界相去甚遠。當中共封殺香港的普選之路，就是封殺了內地與香港的融合之路。當中國官媒宣稱「把南海和台灣問題一起解決」，國際社會更可能會把南海和中共問題一起解決，拔除這個世界的最大毒瘤。

「遼寧號」出醜，吳勝利丟官

二〇一七年一月二十日，就在川普宣誓就任美國總統的同一天，解放軍上將、海軍司令員吳勝利突然被免職。表面上的原因，是年齡因素，七十一歲的吳勝利被六十一歲的沈金龍頂替。然而，這一人事異動的背後，卻另有原因。

同月，作爲中國唯一航空母艦的「遼寧號」，率領中國海軍的一個編隊，以南海軍事訓練爲名，穿越台灣海峽（二〇一七年一月十一日）。這是遼寧號編隊首次穿越台灣海峽，其雙重用意，一是近距離恐嚇台灣，不要因美國的支持而走向獨立；二是恐嚇川普政府，不得改變「一個中國」的政策。

中共《解放軍報》爲此刊登頭條報導，題爲「我們航行在領袖關注的目光裡」，暗示此舉是軍委主席習近平親自拍板決定。當日，海軍司令員吳勝利親自坐鎮「遼寧號」，現場指揮這場示威與恐嚇的行動。

然而，「遼寧號」的這場「示威之旅」，卻暴露出「遼寧號」本身的種種缺陷，反被台灣軍方所掌握。「遼寧號」繞過台灣東部海域時，台灣軍方派出F－16戰鬥機和P－3C反潛機升空，對「遼寧號」跟蹤偵查、拍照，但「遼寧號」上的艦載機殲－15並未升空警戒，暴露「遼寧號」並不具備夜間作戰能力，而這正是航空母艦作戰能力的重要指標。台灣海軍還派出一艘護衛艦，全程監視遼寧艦。通過海空偵查，掌握了遼寧艦的虛實。「遼寧號」暴露的其他缺陷，包括：

「遼寧號」體積較小，採用滑躍式起飛夾板，形狀如滑雪跳台，因而限制了母艦上殲－15戰鬥機的載彈量和油量，無法實現艦載機遠距離作戰。

「遼寧號」補給頻率高、週期短，每三至四天就需要補給。相比之下，美國航母每次補給後，可維持一個星期的高強度作戰。「遼寧號」戰鬥力極其有限。

「遼寧號」航速慢。最大設計航速二十九節，實際航速在二十節以內。採用前蘇聯渦輪蒸氣動力老舊裝置，不易維修。因而，無論是投入戰場和退出戰場，「遼寧號」都需要更長時間，容易遭受致命打擊。

「遼寧號」的前身，是從烏克蘭買來的退役航母「瓦良格號」（Varyag）。中國改造它時，使用了不同於原材料的鋼板。因金屬成分、板材質量、合金鋼強度不同，對接處可能會發生金屬化學反應，影響艦身整體結構強度，存在極高的崩裂風險。如遭受魚雷攻擊而轉身，艦體可能崩裂成兩段，如「鐵達尼號」（Titanic）的沉沒。

作爲航空母艦，服役年限通常爲五十年，而「遼寧號」從建造下水到投入訓練和航行，至今已接近三十年，使用壽命已經過半，仍然沒有形成眞正的戰鬥力，只能擺擺樣子，作勢嚇人。「遼寧號」行經南海時，曾遭美國海軍水面艦艇司令湯姆．羅登（Tom Rowden）中將譏笑爲「一頭紙老虎」。

「遼寧號」穿越台灣海峽，耀武揚威，卻全面暴露其缺陷，淪爲國際笑柄。習近平聞訊震怒：「這就是你吳勝利主掌海軍十年的成果嗎？」於是，吳勝利遭撤職。接替他的沈金龍，原是南海艦隊司令員。然而，沈金龍上任前四個月（二〇一六年七月）才晉陞中將，卻忽然接替上任三年前就晉陞中將、已身爲上將九年的吳勝利，前者的資歷與經驗，無法與後者相比，主掌海軍，未必能填補漏洞。

習近平攬權，忌諱「太子黨」同類

吳勝利的父親曾經是中共的「老革命」，曾出任浙江省委書記，吳勝利也算是一個「太子黨」人物。前些年，筆者曾經在電視節目中多次談到，對中國海軍來說，吳勝利這個名字不吉利，吳勝利，就是「無勝利」、「沒有勝利」的意思。如今果然應驗：吳勝利出航台灣海峽，不僅沒有勝利，還大大出醜，無功而返，黯然下台。

習近平上任以來，通過權力鬥爭獨攬大權。以「反腐」和「打虎」爲名，與江澤民派系惡鬥；以共青團需要歷練爲由，排斥共青團派；對同屬紅色血統的「太子黨」，習近平也加以防範，因爲，在奉行集體世襲制的當下中國，這些「太子黨」人物，具有與習近平同樣的「正統性」，在權力上，對習近平最具威脅力。曾任政治局委員、重慶市委書記的薄熙來，就是最鮮明的例子。薄熙來已倒台，習近平鬆了口氣。

習近平先後以調職或退役爲名，逼退劉源（上將，解放軍總後勤部政委，前國家主席劉少奇之子）、張海陽（上將，解放軍第二炮兵政委，原中央軍委副主席張震之子）、劉亞洲（上將，解放軍國防大學政委，原國家主席李先念女婿），後來，又逼退這個吳勝利。「臥榻之側，豈容他人鼾睡。」當今中國紅朝，依然奉行歷代中國專制王朝的古訓。

人海戰術，共諜跨海，如過江之鯽

二〇一七年三月，台灣連續發生共諜案。一個名叫周弘旭的中國學生，企圖吸收台灣外交部官員，套取台灣機密，被台北地檢署收押。幾天後，一個名叫王鴻儒的前台灣國安局少校被桃園地方法院收押，此人曾任前副總統呂秀蓮的隨扈，退役後到中國經商，被中共國安吸收爲間諜。這兩起案件，再次曝光中共滲透台灣的兩種典型手法：「向台灣派遣間諜」和「發展台灣人當間諜」。

二〇一一年以來，大批中國學生赴台留學。一開始就有人懷疑，這些中國學生中，極可能夾雜著中共間諜。周弘旭的暴露，只是第一例，尚未暴露的中生共諜，相信還很多。周弘旭案發後，其台灣同學不敢相信，驚呼：「周弘旭就是我們刻板印象中的書呆子加好學生類型。」就是「上課時會起立向老師敬禮」的那種「好學生」。

殊不知，在美國、歐洲和世界各地，一起恐怖攻擊發生後，有人回憶曾與他們共處的「恐怖分子」，往往驚呼，平時的他或他們簡直就像是「彬彬有禮的君子」。善於僞裝，是恐怖分子和共諜的共同特徵。

周弘旭案發後，台灣爆出有五千共諜的說法。其實，這個數字，並非誇張，而且還是一個保守的估計。了解中共運作手段的人都知道，中共間諜戰，向來以人海戰術著稱，與台灣來往的任何層面，中共都不會放過，都會盡力塞進共諜。無孔不入，無處不在。這包括：談判和統戰人員、以投資、合資爲名的商人、新聞從業人員、演藝人士、中國交換生或留學生、中國遊客，甚至嫁到台灣的中國新娘……等等，都概莫例外。

除了派遣間諜，中共還會從台灣內部發展間諜。同文同種，是兩岸交往的便利之處，也是風險之處。凡是到中國經商、探親、交流、訪問的台灣各類人士，都可能成爲中共國安機關的「關照」對象。軟性的發展，包括請客、送禮、行賄、投其所好、處處給好處；硬性的發展，包括對那些生意失敗、尤其有犯法記錄的，趁機要挾；或者以色相誘，留下淫亂視頻，事後予以要挾……等等。

筆者認爲，中共在台灣安插和發展的間諜，絕不止五千人，範圍也絕不止中國學生和退役將官。台灣政府、立法院和各縣市政府機關，都恐難以免疫。

台灣政治力量，除了綠色、藍色、白色，還有紅色，除了公開的紅色，如中華統一促進黨、愛國同心會、台灣共產黨等，更有潛伏的紅色。而潛伏的紅色，其數量，則遠遠大於公開的紅色。一身流氓習氣的沒落文人李敖，就很像共產黨員，儘管他不會承認。如果，有一天，人們發現，前任國民黨主席連戰、現任國民黨主席洪秀柱都是中共地下黨員，看官也無須驚奇。

半個多世紀前，中共在大陸顛覆國民政府，依靠的主要手段之一，就是間諜戰，以致於在國民黨內部，包括國防部和總統府，都遍布共諜、共特。國軍幾乎不戰而潰。

中共滲透台灣，除了職業間諜，還有非職業間諜，包括線民、信息員等。中共的五毛黨，更是以書寫繁體字為障眼法，到台灣網站上到處留言、跟帖，散播謠言，煽動仇恨，人身攻擊，挑撥離間，冒充民意，蠱惑人心，唯恐台灣不亂。有人問：台灣是否存在中共「第五縱隊」？答案很簡單：毫無疑問。

回顧中共在香港的地下活動，就能看出其路數。香港回歸前，屬於中共的第五縱隊，已經有十萬人之眾，包括地下黨、間諜、線民、親共分子……等等，他們成為中共接管香港的內應和基礎。香港回歸中國後，中共多年培植的紅色商人當上了香港第一任特首，此人就是董建華。地下黨員則成爲香港第二任特首，此人便是梁振英。

梁振英即將卸任之時，被中共擢升爲「政協副主席」，乃是給他添加保護層，讓他卸任特首之後，得以躲到北京，避開香港的司法追究。醜聞纏身的梁振英本人，寧願「流亡」北京，終身吸食霧霾，也要避免重蹈前特首曾蔭權的覆轍——被判刑入獄。

美國進入川普時代，以鷹派之姿，對付中共。從日本、韓國、台灣，到印度、澳大利亞、紐西蘭，在這條寬闊的民主帶上，打造圍堵紅色中國的堅強壁壘。川普政府正提升美台關係、拓展美台軍事合作、強化對台軍售，將出售台灣更好、更先進的武器和軍備，這可能包括F－16戰機更新配件，反潛魚雷、魚叉反艦導彈等。稍後，也不排除向台灣出售具有垂直起降功能的F－35先進戰機。

當此之際，中共必加緊對台灣的滲透和刺探。從早幾年曝光的共諜案發現，中共尤其對美國售台軍備感興趣。針對美國軍備的刺探，既可削弱台灣國防，又可竊取美國軍事技術機密，可謂一舉兩得。眼下的亞洲地區，區域形勢緊張，潛在戰端湧動，台灣更須警惕共諜伸向美國售台軍備的鹹豬手。

第四章★
川習通話：「一個中國」，各自表述

「一切都在談判之中，包括『一個中國』。」
「除非中國在匯率和貿易上讓步，否則，美國不一定遵行『一個中國』政策。」
——唐納．川普，美國當選總統

川習通話，《紐約時報》的誤讀與誤導

二〇一七年二月九日，習近平與川普通了電話。這通遲來的電話，受到外界廣泛關注。

因爲，在此之前，上任三個星期的川普，已經與十幾個重要國家領導人通話，唯獨還沒有與習近平通話，而後者，是世界第二大經濟體的掌舵人。

美國《紐約時報》報導此事，最初標題爲：After Silence from Xi, Trump Endorses the 'One China' Policy（習近平沉默以對之後，川普背書「一個中國」政策）。報導稱：「川普當選第二週以來，習近平一直不曾與他通話。政府官員表示，他們認爲只有川普公開承諾只認可北京這一個中國政府，習近平才會與他通話。」該報的邏輯是，因爲習近平沉默以對，所以川普最後不得不承認「一個中國」政策。該報導甚至使用這樣的造句：「川普正式向北京低頭。」

《紐約時報》似乎也意識到自己報導的偏頗，稍後在網站上，這篇報導的標題被更改爲：Trump Tells Xi Jinping U.S. Will Honor 'One China' Policy（川普告訴習近平，美國將尊重「一個中國」政策）。

然而，兩天後，《紐約時報》又冒出這樣的標題：Trump, Changing Course on Taiwan, Gives China an Upper Hand（川普，改變對台方針，使中國占上風。該報中文網標題：特朗普成了中國眼中的紙老虎）。這類報導，有利於習近平而不利於川普，與中國政府在國內的宣傳不謀而合。當然，這並非是說《紐約時報》有意配合北京的宣傳。

之所以有這類報導和標題，除了監督與批判的本能，也流露《紐約時報》對川普的一貫偏見。作爲美國主流媒體之一，《紐約時報》歷來對川普極不友善，從大選前到大選後都是如此。其報導、評論和標題，竭盡對川普的諷刺、挖苦和羞辱之能事。《紐約時報》關於川習通話的報導，從標題到造句，都是羞辱川普的又一例證。不僅是誤讀，對讀者而言，更是誤導。

「終於通上電話啦！」則是中國官媒的潛台詞，其大幅報導，似乎欣喜若狂。但在相關的報導和評述之後，都一律關閉了網民評論功能，顯然官媒不想釋放來自網民的任何「雜音」，免得讓對中美關係極度焦慮的領導人難堪。

關於習近平與川普的這次通話，無論是《紐約時報》還是中國媒體的報導，都沒有反映出事實。而事實本身，遠非如此簡單。

雖然雙方事先約定這通電話，但電話是由習近平打過來，而非川普打過去。這個細節暗喻，並非川普有求於習近平，而是習近平有求於川普。川普在這裡的潛台詞是：既然你需要這通電話，那麼，就請你打過來吧！而約定這通電話的前提是，美中雙方的許多過節和齟齬都已經得到、或暫時得到了緩解。

美中有別：「一個中國」，各自表述

川普有言：「我完全了解『一個中國』政策，但是，如果我們不能跟中國在其他問題、包括貿易問題上達成協議，我不明白我們爲什麼還要受縛於『一個中國』政策。」（二〇一六年十二月十一日）「一切都在談判之中，包括『一個中國』。」「除非中國在匯率和貿易上讓步，否則，美國不一定遵行『一個中國』政策。」（二〇一七年一月十三日）

可以肯定，只有習近平已經承諾，或者已經採取行動，在匯率和貿易方面，緩解了川普的關切，滿足了川普的要求，川普才同意繼續尊重「一個中國」政策。雙方達成這樣的妥協和諒解後，才有了這通約定的電話。

如果說，川普質疑「一個中國」，原意就是要打「台灣牌」，拿美台關係當籌碼，與北京討價還價，那麼也可以說，這一招果然奏效。北京恐懼大增，因爲無論是「兩個中國」還是「一中一台」，都讓中南海吃不消。如果是「兩個中國」，北京政權就並非「唯一合法政府」，中國人民還有另外一個選擇：中華民國。如果是「一中一台」，就等於美國認可台灣獨立，對中南海而言，無異於當頭一棒、當眾打臉。

台灣民眾和媒體對川普同歸「一中」政策表達了失望，代表性的標題是：「看川普的一中談話，十分遺憾與失望。」（《自由時報》，二〇一七年二月十一日）。台灣的失望，可以理解。但，且慢，華盛頓的「一個中國」政策與北京的「一個中國」政策並不相同。

習近平與川普通話，中美雙方做了不同描述。中國媒體，也就是中共官方喉舌，在報導和評論中，主要講習近平說了什麼，對川普的部分，只重點強調：「美國政府堅持奉行『一個中國』政策。」看上去，似乎是北京的勝利。

然而，美國政府的說法卻是：「基於習近平主席的要求，川普總統同意尊重我們的『一個中國』政策。」（President Trump agreed, at the request of President Xi, to honor our 'one China' policy.）

注意美方用詞：基於習近平的要求或請求，而不是川普的主動意願（習近平從此欠了川普一個人情債，需要自覺奉還）；尊重，而不是奉行；同意尊重，更讓這個「尊重」有了一層勉強的意思；尊重「一個中國」政策，並非尊重「一個中國」。更關鍵的是，這裡的「我們的」，指的是「美國的」，而非「中國的」。

換言之，即便談「一個中國」政策，北京有北京的表述，華盛頓有華盛頓的表述，二者並不同調。北京的表述是：「世界上只有一個中國，大陸和台灣同屬一個中國。中華人民共和國政府是代表中國的唯一合法政府。」華盛頓的表述是：美國的「一個中國」政策，基於美中三個《聯合公報》，美國的《台灣關係法》，以及美國國會「對台灣安全的六項保證」等法案。

這不禁讓人聯想到，先前在台灣，國民黨執政時，推出一個「九二共識」（一九九二年共識）的說法：「一個中國，各自表述。」簡稱「一中各表」。但民進黨對此不予承認，於是，這個「九二共識」，在民進黨重新上台後束之高閣。如今看來，美中之間，才眞正存在這種共識：一個中國，各自表述。一中各表，現實就是如此地具有諷刺性。

其實，這裡有一個秘聞。與習近平通話時，川普的確提到了國民黨與共產黨之間達成的「九二共識」：「一個中國，各自表述。」試探習近平是否可以接受美國承認中國與台灣的「各自表述」。但習近平沒有答應，大概原因在於，一來，國民黨已經在台灣下台；二來，中國不願意讓美國認可台海兩岸各有一個中國，那就成了「兩個中國」，北京政權由此喪失

「唯一的合法性」。由於習近平和川普沒有在這一點上達成一致，故而雙方的新聞稿都沒有提及。

但「一個中國，各自表述」卻以另一種形態出現了，那就是美中兩個政府的各自表述。

拿台灣當「籌碼」？川普這一招見效

回顧川普當選和上任之初，習近平與川普之間，前後有三次互動，第一次，川普當選當日，習近平致電川普，祝賀後者當選，但相比其他國家領導人，詞句之間，語帶威脅（「合作是中美兩國唯一的正確選擇」），被解讀爲雙方關係敵對而冷淡。

第二次，二〇一七年中國新年，川普打破歷任美國總統慣例，遲遲未向中國表達新年恭賀。直到中國新年的最後一天，即元宵節，川普才以寫信的方式，致信習近平，向中國祝賀新年。中共喉舌罕見地表示「讚賞」。在此之前，對歷任美國總統及時的新年祝賀，北京從未表達「讚賞」。大概覺得，中國從來不缺美國總統的新年祝賀，並不需要「讚賞」。如今居然「讚賞」起來，足見北京的渴求和緊張。然而，川普寫信而不是打電話，已經顯出雙方存在的距離感。

第三次，二〇一七年二月九日，習近平打電話給川普，兩人進行了較長時間的交談，這顯然是一通約定的電話，也是遲來的電話。顯然經過中方持續地打通關係，暗中公關。美方則對中方私下的承諾，做出「聽其言觀其行」的考證。最後，才有了這一通遲來的電話。

無論中方讚賞川普來信，還是習近平與川普通電話，在中國官媒報導的後面，都關閉了評論功能，顯示中共當局心虛，生怕網民發出不同聲音。縱有千萬水軍和五毛黨，但只要一不小心，滲入明白網友的大實話，中共精心導演的戲劇就會穿幫，落得個裡外不是人。故而，寧願關閉評論，連想撲上去唱讚歌的五毛黨水軍都不放入。寧願萬馬齊喑，絕不絲毫露餡。

川習通話，事先知會台灣

有人責怪川普，質疑「一個中國」，僅僅是拿台灣當籌碼。但據內幕消息，川普與習近平進行這番通話前，美國政府事先知會了台灣政府，表現出川普對台灣罕有的尊重。

部分台灣民眾或不滿川普拿台灣當「籌碼」、「棋子」、「牌」，其實台灣能被美國當作「籌碼」、「棋子」、「牌」與中國博弈，肯定比被棄之不用、冷落一旁更有意義。況且，台灣之於美國，絕非只是「籌碼」、「棋子」、「牌」而已，共同的民主價值觀、地緣政治的互補角色、軍事戰略上的掎角之勢、以及悠久而深厚的朝野情誼，都是台美關係的穩固基石。

許多台灣網民依然讚賞川普，他們評論很多，諸如：「美國的一中政策不等於中共的。」「美國的一中不是中國定義的一中。」還有台灣網民表示：「一中一台，很合理啊，川普也是稱台灣總統。」「中國的一中只是自慰，根本與現狀不符。」「對所謂一中，美國其實從來都是尊重而已。」

就在川普與習近平通話、表達同意尊重「一個中國」政策幾天後，美國接待了由立法委員蕭美琴率領的台灣跨黨派議會訪美代表團，行程到達華盛頓和紐約，標誌著美台官方關係的繼續提升。這裡，也自然包含了川普政府在美、中、台之間的外交平衡術。更早一些時候，川普宣誓就任之日，台灣代表團（由前行政院長游錫堃率領）出席觀禮，並無中國代表團出席。北京一再交涉，美方置之不理。

第五章★川普時代，台灣的機會

「決不能讓北京對我們跟誰通話發號施令。」——約翰．波頓，前美國駐聯合國大使

盤點川普陣營的親台派

川普組閣，沒有一個親中派，卻有不少親台派。有人以爲川普女婿庫許納（Jared Kushner）是親中派，理由是，他與鄧小平孫女婿做生意，後者投資四億美元，注入庫許納的大廈。其實，庫許納同時與二十多國首腦和政府保持聯絡，成爲他們與岳父大人——川普

總統溝通的橋樑。如果說庫許納是親中派，更可以說庫許納是親俄派（力主美俄改善關係）或親日派（川普會見第一位外國首腦——日本首相安倍晉三時就在場）。川普刻意重用和歷練時年三十五歲的女婿庫許納，其目的，應是爲川普家族培養未來的政壇新秀。

盤點川普內閣的親台派，可見識川普政府對台灣的同情和友好程度。

萊恩斯．蒲博思（Reince Priebus）

共和黨全國委員會主席。在任期間，力挺台灣。曾率領共和黨代表團訪問台灣，與當時的總統候選人蔡英文會見（二〇一五年十月）。力主並把前總統雷根的「對台灣的六項保證」納入二〇一六年的共和黨黨綱。在二〇一六年的大選中，一直堅定支持川普。川普當選總統後，立即提名蒲博思出任白宮幕僚長。蒲博思成爲聯結川普和共和黨建制派的橋樑和樞紐，其角色，舉足輕重。

雷克斯．提勒森（Rex Tillerson）

原美孚石油公司董事長，現任川普政府國務卿。上任前後，多次重申美國將履行《台灣關係法》和對台六項保證。儘管他也表示，美國沒有改變「一個中國」政策的意圖，但他強調的，仍是美國的「一個中國」政策，而非中國的「一個中國」政策。

彼得．那法若（Peter Navarro，又譯為納瓦羅）

原加州大學經濟學教授，現任川普政府國家貿易委員會主任（Director of the National Trade Council）。

那法若是著名的反中派，也是著名的親台派。那法若曾在美國《國家利益》（*National Interest*）雜誌撰文（二〇一六年七月），建議美國增加閣員訪台頻率，增派更多退役民間軍事人員幫助訓練台灣軍隊，也協助台灣「儘量多加入國際組織」。

那法若主張，美國應承認台灣是一個「民主體」、「政治實體」，進而表明台灣「若非法理上，但也是實質上的獨立」。

二〇一六年的美國大選投票當日，二〇一六年十一月八日，那法若與美國眾議院軍事委員會海軍力量小組委員會主席顧問亞歷山大．格雷（Alexander Gray）在《外交事務》期刊撰文，主張全面強化對台灣出售武器。他們稱台灣爲「民主的明燈」，卻「可能是軍力最脆弱的美國盟友」。該文指出：「台灣希望採購所需的武器項目，以嚇阻中國的覬覦，卻一再被（歐巴馬政府）拒絕。然而，這樣的援助符合《台灣關係法》，就應該受到合法的保障。」該文建議，爲了遏制中國在南海的擴張，美國應該對中國打「台灣牌」。這成爲一個月後，川普大打「台灣牌」的由來之一。

丹・科茨（Daniel Coats）

曾任美國駐德國大使、參議員。出任川普政府國家情報總監，負責協調美國十七家情報機構。

科茨曾爲美國國會台灣連線（Taiwan Caucas）成員。一九八〇年代曾訪問台灣。二〇一六年，國會審查二〇一七年國防授權法案時，科茨提出美國應該解除軍事將領和助理國防部長以上官員訪問台灣的限制。隨後，科茨的建議與其他議員的提案組合，獲國會參、眾兩院通過，經由歐巴馬總統簽字生效後成爲法律。

科茨還與眾議院外委會主席羅伊斯（Ed Royce）共同提案，要求美國同意向台灣移交台灣採購的美國派里級巡防艦，也獲得國會參、眾兩院通過。除此之外，科茨還要求美國國防部邀請台灣參加環太平洋軍演。

傑夫．塞申斯（Jeff Sessions）

知名保守派人物，任聯邦參議員期間，是美國國會台灣連線成員，曾提出和支持多項友台提案。川普當選總統後，出任司法部長。

約翰．波頓（John Bolton）

曾任美國助理國務卿、前美國駐聯合國大使，是美國政壇著名鷹派人物，曾支持小布希總統對伊拉克開戰。

二〇〇七年，波頓與時任台灣民進黨主席游錫堃會見時表示：「沒有人會否定台灣成為聯合國會員的能力。」會見時任台灣外交部長黃志芳時，波頓表示：「支持台灣入聯，符合美國利益。」

二〇一二年，波頓訪問台灣，公開提出：「台灣是一個正式國家，有資格加入聯合國。」

川普競選期間，波頓是川普的外交顧問之　。川普與蔡英文通話當天，川普會見了波頓，聽取他對美台關係的建議。「川蔡通話」後，面對國內外紛紛擾擾的噪音，波頓回敬道：「決不能讓北京對我們跟誰通話發號施令。」

二〇一七年一月，波頓投書主張美國必須採取符合二〇一七年的策略，不僅要重新審視「一個中國」原則、擴大台美外交互動，甚至在台灣駐軍，不僅可化解駐日美軍爭議，也可取代走下坡的美菲軍事關係。

波頓曾經是川普考慮的國務卿人選之一，雖未獲任命，但波頓依然對川普的外交政策保持影響力。

鮑勃．杜爾（Robert Dole）

曾任美國參議員、一九九六年美國共和黨總統候選人。作爲共和黨主流派的重量級人物，杜爾最早表態支持川普，他甚至坐著輪椅出席了提名川普爲總統候選人的共和黨大會。川普當選總統後，九十三歲的杜爾，是促成川普與蔡英文通話的幕後關鍵人物。

紐特．金瑞契（Newton Gingrich）

曾經是美國歷史上權力最大的國會議長。多次呼籲美國政府應該對抗在兩岸關係上施壓台灣的中國。一九九七年，中共領導人江澤民訪美時，金瑞契當面告訴江澤民，美國毫無疑問地會防衛台灣。卸任後表示，台灣有資格加入聯合國。二〇一六年大選期間，力挺川普，並且是川普的重要顧問之一。

葉望輝（Stephen Yates）

曾經擔任美國前副總統錢尼（Dick Cheney）的國家安全顧問、愛達荷州共和黨主席。川普當選後，擔任川普交接團隊顧問。

一九八〇年代，葉望輝曾在台灣傳教，操流利中文，喜愛台灣小吃，長期友台。二〇〇八年四月，在台灣主權地位國際研討會上指出「台灣從未是中國一份子」。與前任共和黨全國委員會主席、現任白宮幕僚長萊恩斯·蒲博思是好友。二〇一五年，曾隨同蒲博思訪問台灣，會見時爲總統候選人的蔡英文。二〇一六年，共和黨代表大會把《台灣關係法》與「對台灣安全的六項保證」納入黨綱，葉望輝是決議起草人。

艾德溫・佛訥（Edwin Feulner）

美國作家、著名智庫美國傳統基金會的創辦人。佛訥是反中派，也是親台派。二〇一六年美國大選期間，多數智庫傾向於支持民主黨候選人希拉蕊，但佛訥和傳統基金會卻選擇支持川普。二〇一六年十月，佛訥訪問台灣，與蔡英文總統會見。川普當選後，佛訥和傳統基金會參與協助總統權力交接工作。川普與蔡英文通話，佛訥是幕後促成者之一。

川普內閣，親台派加反中派

而與親台派對應的，則是反中派。比如馬修・波廷格（Matthew Pottinger，台灣翻譯為博明），十幾年前，曾以記者身分駐北京，勇敢調查一名共產黨部長的腐敗行為，遭到中國警察逮捕，他回憶說：「我當時被一群中國警察圍住，就站在廁所裡，看著我們的採訪筆記一頁頁被撕碎，沖進馬桶。」在一次調查中國公司向其他國家出售核燃料的情況時，在星巴克咖啡店裡，他遭到中國政府打手的迎面一拳。波廷格深有感觸地說：「在中國的生活可以告訴你，一個非民主的國家能對它的公民做些什麼。」還說道：「在中國的壓抑經歷點燃了我心中的愛國主義，令我對自己的國家有了更深刻的理解。」波廷格隨後加入美國海軍陸戰隊，轉戰伊拉克和阿富汗。

波廷格現於美國國家安全委員會任職，是川普政府內負責制定亞洲政策的最高官員。二〇一七年，波廷格陪同國務卿提勒森訪問中國，並負責計劃首次川普、習近平會談。當波廷格聽到國務卿提勒森提到「相互尊重」與「合作共贏」這兩個中國政府慣用辭彙時，他在備忘錄中寫道：「在這些方面向中國讓步，會讓中國誤以為華盛頓已經接受了相關條件。」評論認為，美國政府一直缺乏像波廷格這樣有中國實地經驗的專家，他在美國政府的任職，有助於川普制定正確的中國政策。

貿易三劍客，劍指中國

主管川普政府對外貿易的，是被視為「貿易三劍客」的組合，都是反中的鷹派人物。三劍客齊亮劍，劍指中國。

威爾伯．羅斯（Wilbur Ross），商務部長（Secretary of Commerce）

身爲億萬富豪，羅斯以收購和重整破產企業聞名，被稱爲「破產大王」。曾讓 Bethlehem Steel 和 Burlington Industries 兩大製造公司起死回生。

羅斯早先是一個親中派，曾稱讚中國的五年計劃了不起。他曾參與四川大地震災後重建工作。二〇一六年選舉期間，他不贊成川普用中國「強姦」美國來比喻美中貿易。

後來，羅斯對中國立場逐漸轉變。他認爲，美國製造業面臨的最大問題，就是外國企業將低於國內正常價格的商品傾銷到美國市場，尤其是來自中國的傾銷。他指責中國以低於生產成本的價格向世界市場傾銷大量的鋼鐵和鋁。他認爲，中國政府把操縱匯率當作攻擊美國的經濟工具。羅斯說，那些違反世界貿易規則的國家，雖然被處罰款，但美國卻未能收取「數以十億計」美元的罰金，這讓他深感「恐懼」。

另外，羅斯不相信中共官方公布的經濟增長數字。他從中國的各項消費數據推算，中國的GDP增長率應該在五％以下。嚴重虧損的中國國營企業，依靠國營銀行的貸款而存活。

被提名商務部長後，羅斯誓言，那些拒絕公平貿易的國家應當受到「嚴厲懲罰」。他批評中國政府嘴上講公平貿易，行爲卻相反。羅斯把中國定性爲「貿易保護主義最嚴重的國家」。

然而，川普對羅斯的提名，卻一度在國會受阻。具有諷刺意義的是，國會議員們質疑和顧慮的，恰恰是羅斯與中國的關係。原來，羅斯打算保留包括他的鑽石航運公司（Diamond S Shipping Group Inc.）在內的數百萬美元的投資業務，而中國主權財富基金——中國投資公司（資金來自中國外匯儲備）正是這家航運公司的共同投資者之一。批評者認爲，羅斯與中國的這種聯繫存在潛在的利益衝突，曾影響羅斯與中國打交道時的公正性。但，對中國態度已經轉變、並在川普政府中任職的羅斯，不大可能對中國客氣。

彼得．那法若（Peter Navarro），國家貿易委員會主任（Director of the National Trade Council）

經濟學家彼得．那法若被任命爲新成立的白宮國家貿易委員會主任。那法若以了解、質疑和批評中國著稱，是知中派，也是反中派。那法若所寫的三本有關中國的著作，論據豐富，觀察準確，觀點尖銳，在美國暢銷。

《即將到來的對中國的戰爭》（*The Coming China Wars: Where They Will Be Fought and How They*

Can Be Won）是那法若於二〇〇六年出版的著作。講述中國崛起帶來的中國擴張，分析中國在能源、環境、知識產權、軍事和地緣政治等領域與美國和其他國家可能爆發的衝突。日後的事態發展，證明了那法若的分析力和預見力。

《致命中國：中共赤龍對人類社會的危害》（*Death by China: Confronting the Dragon – A Global Call to Action*），二〇一一年，那法若和安一鳴（Greg Autry）合著出版。該書從貨幣操縱、不公平貿易、致人死命的有毒商品三個角度，展示中國對美國的威脅。書中統計，中國的不公平貿易，導致五萬個美國工廠關閉、二五〇〇萬美國人失業。該書後來被製作成紀錄片，產生轟動效應。

《臥虎：中國軍事化對於世界意味著什麼》（*Crouching Tiger: What China's Militarism Means for the World*，台譯版書名爲《美、中開戰的起點》）。那法若的這部近著，出版於二〇一五年。該書從意圖、能力和戰略三個角度，分析了中國軍事崛起的意義。他認爲，當今中國可能成爲當年偷襲美國珍珠港的日本帝國的翻版。

寫作《臥虎》期間，那法若採訪了三十多位頂級的中美問題專家。他不僅在書中採納了這些專家的大量觀點，而且還把這些採訪素材剪輯成了一部十集的同名紀錄片。《臥虎》出版後，獲得美國政治、軍事專家的讚揚，他們認爲，這本書，是對美國最大的戰略挑戰所做的清晰、全面和冷靜的描述。《臥虎》一書，被「環球主義者」（The Globalist）網站評爲排名第五的年度最佳著作。

起用那法若，是川普最大膽的任命。顯示川普與所有前任美國總統迥然不同，是一個標新立異、敢作敢爲的勇者。那法若獲得川普提名後，受到中國官方媒體的猛烈抨擊，足見對中共的刺激有多大。相關標題，諸如：

那法若渲染「中美戰爭」被稱「鷹派中的鷹派」——新華網

鷹派學者進白宮，中美共損機率增高——《環球時報》

羅伯特．萊特海澤（Robert Lighthizer），**美國貿易代表**（US Trade Representative）

時年六十九歲的資深律師羅伯特．萊特海澤被任命爲美國貿易代表，將領導美國的貿易談判。

一九九一年，萊特海澤曾受聘代理中國機構，與美國政府打官司。於是，當川普提名他爲美國貿易代表後，美國參議院要求萊特海澤對當年代表中國機構做出解釋，得到國會的「特別豁免」後才能上任。

其實，作爲職業律師，萊特海澤曾代表眾多美國和外國機構，並不損傷他的國家觀念。更多時候，萊特海澤嚴詞批評中國政府的違規貿易行爲。

二〇一〇年，萊特海澤在國會聽證會的證詞中指出：美國政策制定者多年來的消極、忍受和放任，讓美中貿易赤字不斷增長，以致於，中國被廣泛認爲是美國經濟的主要威脅。他說：「美國政策制定者應當嚴肅對待這些問題，而且在同中國打交道時需要採取更爲強勢的方式。」萊特海澤批評中國未能履行加入世界貿易組織（WTO）的承諾。對此，美國需要採取強硬手段來改變這個局面，即便偏離世貿組織的規則。

二〇一一年，萊特海澤在《華盛頓時報》上發表文章，讚揚雷根總統限制進口日本汽車來保護美國汽車工業的政策，並批評中國政府通過「操縱貿易」使製造業的工作大量流向中國。他在文章中寫道：「允許中國長期操縱貿易，如何能夠達成促進市場效率這一傳統目標？」

原來，萊特海澤曾出任雷根政府的美國副貿易代表。任職期間，美國通過配額和懲罰性關稅等手段遏制日本產品湧入美國市場。此外，萊特海澤還協助雷根政府與日本、德國等五個主要貿易夥伴達成了一九八五年「廣場協定」，實現美元貶值，鼓勵更多外國企業到美國投資設廠。萊特海澤顯然想藉助他當年對付日本的經驗，來對付今天的中國。

川普的「貿易三劍客」誓言：在美中貿易中，不容再讓中國占便宜。企業家川普上台，將一改「書呆子」歐巴馬的軟弱作風，儘快給美中巨額而長期的貿易逆差打上休止符。

中美貿易戰，如果開打

競選中，針對美中貿易，川普表現得最強硬。他聲明，中國人為操縱匯率，製造美中巨大貿易逆差，搶走美國工人的飯碗。是「歷史上最嚴重的盜竊」。美中之間形成的巨大貿易逆差，是中國對美國的「強姦」，「中國拿美國的錢重建了國家」、「中國欠美國的錢」。

有些中國人以為，川普是商人，是生意人，只會談生意，有的話就是說說而已，未必當眞。其實，就算川普並不兌現對中國商品徵收四十五％那麼高的關稅，但川普的經貿立場恰恰是最認眞的，指控也是最屬實的，說出了無數美國人的心裡話，而拯救美國經濟，「讓美國再次強大」，正是川普的主要政見和目標。

反觀中國，經濟問題，恰恰是中共的最大軟肋。在過去幾十年的時間裡，中國得益於美國的幫助，是美國提供中國最大的出口市場，是美國幫助中國加入世界貿易組織，是美國將中國帶上全球化的快車道，美國至今仍然是中國的最大貿易出口國，也是中國的最大貿易順差國，每年高達三千多億美元的順差，足以構成中國經濟增長的主要部分，如果沒有這部分貿易順差，中國的經濟增長幾乎歸零，甚至變爲負數。

川普的目標，是實現美中貿易平衡，努力把美中貿易逆差歸零。如此，中國的貿易優勢將不復存在，依賴於外貿和外資的中國經濟，將失去最大的增長動力。這對惡化中的中國經濟，將是雪上加霜。未來，難以想像，一個經濟病態的中國，怎能再對美國構成實質性的挑戰？

當今時代，全球化急劇退潮。未來或證明，這一變遷，對中國最爲不利。不再那麼開放的國際市場，對中國的廉價商品和過剩產能，將是一個不可低估的厄運。事實上，共產中國就是因爲搭上全球化的便車，才一躍成爲暴發戶的，但就在崛起的中國企圖充當世界領袖的時候，全球化卻悄然退潮，不僅撤走了中國高速增長的跑道，而且瓦解了北京試圖領導或統治世界的「中國夢」。

駐日美軍遷移台灣？絕妙的主意

前面提到的約翰．波頓，前美國駐聯合國大使，也是川普的重要顧問之一，提出一個建議：把駐日美軍遷移到台灣。波頓指出：「台灣因在地理位置上比沖繩和關島更靠近中國大陸以及南海，迅速向上述地區部署美軍將更加靈活。」另外，「因沖繩問題困擾日美，哪怕將部分美軍從沖繩轉移到台灣，美日政府間的緊張局勢將得到緩解」，也將有助於解決沖繩美軍基地問題。

波頓的主張，顯然是一個大膽而絕妙的主意，一箭三雕。

其一，直接保衛台灣，阻止中共入侵台灣的企圖。猶如美軍駐防韓國，直接保衛韓國，阻止北韓入侵韓國的企圖。其二，美軍駐防台灣，等於守住了第一島鏈的要塞，可以近距離監視中國軍力在南海的動向，構成有力的防堵。其三，成全日本重新武裝，依靠自我力量，轉型成爲一個正常國家。

與此同時，減輕因美軍駐紮日本給日本政府帶來的壓力。二戰結束之後，日本奉行和平主義，左翼思潮在社會上、尤其知識界占上風，給駐日美軍構成壓力。只是到了近些年，由於來自中國的威脅，迫使日本社會大幅度的右轉，左翼勢力式微。

波頓曾經是川普考慮的國務卿人選之一，雖然未能當上國務卿，但預料他對川普政府在外交政策上的影響力不可低估。川普上台，是鷹派當道的年代，波頓正有用武之地，

波頓的這個建議，未必會被川普採納，但顯然可以成爲川普政策的選項之一。一方面，可以給中共帶來心理壓力，這種壓力，比質疑「一個中國」政策來得還要直接，可以成爲川普對付中國的又一策略和籌碼。如果北京不在南海等問題上讓步，繼續跟美國硬碰硬，那麼，波頓的建議，就可能派上用場。美軍一旦駐防台灣，就不那麼容易撤退，而成爲長期駐防，就像美軍長期駐紮韓國那樣。

二〇一七年二月十五日，前美國在台協會台北辦事處（AIT）處長楊蘇棣（Stephen Young）透露：美國將派遣陸戰隊隊員駐守這一機構。美台斷交後三十七年，從無美國陸戰隊隊員駐守台北辦事處，如今的事態發展，是一個轉折，也是一個象徵性的動作，表達美國協防台灣的決心。同一時期，美國也有人提出，因應中國對台灣的導彈威脅，美國可以考慮

在台灣部署薩德（THAAD）反導彈系統。

季辛吉與川普合演雙簧戲

二〇一六年十一月十七日，川普在紐約會見了美國前國務卿亨利．季辛吉（Henry Kissinger，中國翻譯爲基辛格）。因季辛吉給外界的印象，是親中人士，被視爲美國的紅色中國的代言人，故而，這一回，外界以爲，季辛吉與川普會見的目的，是要向川普強調美中關係的重要性。

十多天後，二〇一六年十二月一日，季辛吉前往中國訪問。顯然，季辛吉是受習近平邀請前往北京，探討川普上任後的美中關係。每當美中關係出現麻煩，中國領導人都會邀請「老朋友」季辛吉前往中國面談，了解情況，並委託季辛吉向美國總統傳話。這一回，外界以爲季辛吉也受川普委託，向中國領導人傳話。季辛吉到達北京後，頭一天會見了王岐山。

第二天，即二〇一六年十二月二日，季辛吉會見了習近平。然而，就在同一天，習近平與季辛吉會見結束幾小時後，美國當選總統川普與台灣總統蔡英文通話，震動美、中、台、日等國。

在中國，季辛吉被中國網民稱爲「最牛老外」。自從打開了紅色中國的大門，季辛吉就吃定了中國，四十五年間，前後訪問中國九十多次，平均每年兩次。自從與毛澤東、周恩來結下交情，達成「聯中抗蘇」的戰略，後來的中共領導人，包括鄧小平，都奉季辛吉爲神明，視之爲教父。

每一位中國新領導人，諸如江澤民、胡錦濤、習近平，上任後，都趕緊把這位特殊的美國人請到北京見面，他們需要這個「最牛老外」的認可和背書，仿如某種心理上的冊封。就連薄熙來，圖謀篡位，也離不開季辛吉。二○○九年，正在重慶大搞「唱紅打黑」運動的薄熙來，特意把季辛吉請到重慶，出席當地的「萬人紅歌大會」。當季辛吉與薄熙來並肩坐上主席台時，薄熙來興奮不已。很可能就在那一時刻，薄熙來心生迷信，覺得自己距離最高權力寶座又進了一步。

上述現象，一方面，反映出中國領導人缺乏自信而挾洋自重的潛意識；另一方面，也反映出中國政府的保守、落後、抱殘守缺。以致於近半個世紀過去了，他們的美國代理人依然是季辛吉，並沒有發展出第二人選。而這個人選，依然是毛澤東留給他們的遺產。他們至今依賴這筆外交遺產，猶如他們至今依賴毛澤東留給他們的其他政治遺產一樣。故步自封，原地踏步。

於是，當川普上台，美中關係面臨變數之時，習近平馬上又想到了季辛吉，以為這位政治掮客可以再次幫忙中國，急忙把他請到北京。卻不料，季辛吉與川普合作默契，當場上演了一齣精彩的雙簧戲，就在習近平會見季辛吉的當天，川普與台灣總統通電話，打破了三十七年以來美台首腦互不接觸的慣例。習近平遭悶棍一擊，手足失措。

美國「縱橫家」華麗轉身

原來，季辛吉，這位唯一的紅色中國代理人，已經華麗轉身，從面向中國，轉為面向俄國；從聯中抗俄，轉向聯俄抗中。季辛吉曾形容普丁是「一個冷靜的國家利益計算者」，其實季辛吉本人就是這樣的人。如果說，普丁是俄國利益的冷靜計算者，季辛吉就是美國利益的冷靜計算者。

季辛吉離開北京後，轉往莫斯科，與俄羅斯總統普丁面談，彼此以「老朋友」相稱。原來，多年前，季辛吉就與普丁結下交情，先後面談十次，建立了彼此信任的關係。因中國領導人從來不說某個外國人是「中國領導人的老朋友」，而故意說某個外國人是「中國人民的老朋友」，故而有中國網民戲道：季辛吉從「中國人民的老朋友」變成了「俄國人民的老朋友」。

其實，醞釀中的「聯俄抗中」戰略，不僅川普有意爲之，季辛吉也向川普建議爲之。作爲戰略設計師，四十五年前，季辛吉向當時的美國總統尼克森建議了「聯中抗蘇」的戰略，如今，又向新總統川普建議「聯俄抗中」戰略。道理很簡單，最大的敵人已經換位。作爲美國最大的敵人，四十五年前是蘇聯，四十五年後是中國。而季辛吉博士，終歸是一個實用主義者。

季辛吉建議美國轉向俄國，目的是削弱中國。作爲「聯俄抗中」的配套戰略，季辛吉也支持川普打「台灣牌」。這便是季辛吉與川普唱雙簧戲的由來。這位曾經出賣台灣的政治掮客，在其有生之年，終於又想起了台灣的「好處」，並非要「彌補」台灣，而是要藉助台灣，抗衡中國。

作爲地緣政治的設計師，季辛吉很像中國戰國時代（七國爭雄時代）的蘇秦和張儀，當時的「縱橫家」，又稱「策士」或「謀略家」。蘇秦和張儀擅長「縱橫術」，蘇秦建議六國聯合對付秦國，稱爲「合縱」，曾有效牽制住最強大的秦國。張儀卻建議秦國離間六國，每次收買、聯合其中多個國家，消滅其中一個國家，稱爲「連橫」。最後，秦國把六國一個接一個地吞併。

二〇一六年底，圍繞美中台關係，美國有兩個九十三歲的老人在使勁，一個是季辛吉，一個是鮑勃・杜爾（Robert Dole，前美國議員、共和黨總統候選人）。季辛吉幫川普迷惑中國，杜爾幫川普聯絡台灣。蔡英文打電話祝賀川普當選，就是由杜爾在幕後活動促成。

川普同意季辛吉去北京，是施放煙幕彈，而與蔡英文的通話才是實彈演習。實際上，共和黨調整對台關係，一年間，已經上演三部曲：第一步，共和黨通過黨綱，重申對台灣安全的六項保證；第二步，由共和黨掌控的國會，首次將美國「對台灣的六項保證」列爲法案；第三步，當選總統與台灣總統通電話，打破歷史成規，暗示美中台格局隨時可能生變，端視北京是否調整對美國的態度和立場。

第六章★ 川普「聯俄制中」戰略，受阻於國內

「他是一個聰明人。」「很快明白自己的角色。」

「已經從企業家成為一位政治家。」——普丁，俄羅斯總統

「如果普丁喜歡唐納·川普，大家猜猜如何？這是一種資產，而不是負資產。」

——唐納·川普，美國總統

川普與普丁，互相欣賞

競選期間，在同台辯論中，柯林頓譏諷川普是「普丁的哈巴狗」。選舉後，不滿川普提

名親俄派人士入閣，《紐約時報》也把川普比喻爲「普丁的哈巴狗」。

二〇一六年十一月八日，川普當選美國總統後，收到的第一封賀電，來自俄羅斯總統普丁（中國翻譯爲普京）。普丁欣喜直言：「期待與美國展開建設性對話，願意與美國共同工作。俄羅斯將盡全力，讓俄美關係走出低谷。」

川普組閣期間，普丁盛讚川普：「他是一個聰明人。」「很快明白自己的角色。」「已經從企業家成爲一位政治家。」普丁對川普的溢美之詞，自有他的打算：「希望川普政府改善美俄關係。」

川普本人也對普丁一再示好，諸如：「普丁希望改善俄美關係，這種想法是正確的。」「我期待與俄羅斯和俄羅斯人民保持長期穩固關係。」「如果普丁喜歡唐納．川普，大家猜猜如何？這是一種資產，而不是負資產。」

二〇一七年一月二十八日，川普與普丁通電話，誓言合作，對外的報導是「將優先合作打擊國際恐怖主義」。但據說，這兩個大國領袖說了不少「悄悄話」，到底還涉及哪些話題？留給外界猜測。

論文明程度，俄國高於中國

毋庸置疑，美國於上世紀七〇年代初期開始的聯中抗蘇策略，具有高度的地緣戰略價值，因爲彼時擁有龐大核武庫的蘇聯，是文明世界最危險的敵人。然而，也必須看到，即便那個時候，曾經歷赫魯雪夫政治改革、清算史達林暴政的蘇聯，在人道主義和文明程度的改進方面，也遠高於中國。那時，經歷反右運動和大饑荒的中國，又正處於最反動的文革年代。美國的聯中抗蘇戰略，固然削弱了蘇聯，甚至最終有助於蘇聯解體。但這一戰略，卻幫助了北京獨裁政權的加固。深陷專制泥潭而苦難深重的中國人民，至今無以解脫。

上世紀九〇年代初，蘇聯解體，俄羅斯實現民主化，面對一度經濟困難的俄羅斯，美國未能及時伸出援手。以致於後來俄羅斯民族主義情緒高漲，讓普丁獲得支點，得以重建強人政治，部分地顚覆民主、復辟專制，並再現沙皇式擴張。

當然，普丁仍然保持了普選制度，僅此一點，就政治文明而言，俄羅斯仍遠勝中國。而當今中國政治之落後，與北韓相比，不過是五十步笑百步，被中國網民戲稱爲「西朝鮮」。

上世紀末期，就在俄羅斯醞釀政治變革、走向民主化的同一時期，中國卻發生了震驚世界的天安門事件（一九八九年），中共當局用軍隊、坦克和機關槍，血腥鎮壓了人類史上規模最大的民主運動。美國在給予中共一定程度的制裁之後，卻奉行「接觸政策」，仍期待中國可以「和平演變」，走上民主之路。但死心塌地於獨裁的中共，得以充分利用美國提供的機會和平台，通過操縱匯率、推行極端貿易保護主義和大規模盜版知識產權，大量挖走美國財富，削弱美國而壯大中國（中共）。正如川普競選時所言：「中國拿美國的錢重建了國家。」

縱觀近代史，美國對俄羅斯，似乎有一種天生的偏見；而對中國，又似乎有一種天生的偏袒。在美俄中三角關係中，明顯地，美國更苛待俄羅斯，更寬待中國。平心而論，美俄關係、美中關係都到了大幅調整的時候，川普當選美國總統，生逢其時。川普與普丁互相欣賞的言論，發出的信號是：川普政府，可能是美國歷史上最親俄的一屆政府。

美俄核宣言，回擊中國核威脅

中共喉舌《環球時報》連續發表文章，一方面，揶揄說「美俄改善關係，沒那麼簡單」、

「駭客風波加大改善美俄關係難度」，流露其酸勁和醋意；另一方面，又自我安慰說「俄羅斯不會與美聯手對抗中國」、「希望中俄關係不會倒退」，流露其失落和焦慮。面對美俄走近的大趨勢，北京當權者心下，五味雜陳。

二〇一六年十二月二十二日，俄羅斯總統普丁和美國備位總統川普先後發表聲明，將加強各自的戰略核力量。有人以爲，這是俄美之間將展開新一輪核軍備競賽的信號。其實，這是俄美兩國對兩週前北京核叫囂的直接回答。

川普主張公平貿易，要求中國遵守規則，停止對美國的敲詐。但占慣了美國便宜的中共，竟然以「大幅擴充戰略核武」來回應：「我們應當做的是把那筆錢變成中國的新增軍費，建更多用來製造新型戰略核武器的生產線。二〇一七年度中國的軍費應有更大幅的提升，我們一定要做到加快東風－41的列裝，大幅增加戰略核武器的件數。」（中共喉舌《環球時報》，二〇一六年十二月八日）

中共的核叫囂，換來的就是俄羅斯和美國的核宣言。普丁與川普的核宣言，前後相距僅數小時，顯示普丁與川普聯手的默契，矛頭直指北京。普丁把話說得很明白：俄羅斯的核力量「比任何潛在的侵略者都強大」。這裡所謂「潛在的侵略者」，絕非指美國或歐洲，指的就是中國。因爲，過去三十年間，就在俄美兩國削減和凍結核武力的同時，中共從未停止發展和提升核武力，並暗助巴基斯坦和北韓發展核武器。俄美核宣言，乃是對中共的忍無可忍。

俄羅斯絕不樂意看到中國這個核鄰居的核力量的提升。在歐巴馬圍堵（共產）中國的基礎上，除了已經到位的日本、印度、越南、新加坡、澳大利亞等廣大亞太國家，川普強化與俄羅斯的關係，將在地緣政治上，完成對共產中國的全包圍。這是對（共產）中國展開更強勢、更致命的圍堵。換言之，若俄羅斯加入，將對共產中國構成一個完整的包圍圈。

東風—41，同時瞄準美國與俄國

二〇一七年一月間，中國軍方把洲際導彈東風—41部署到位於中國東北的黑龍江省、靠近俄羅斯的地點。對此，俄羅斯總統新聞秘書表示：「中國是俄羅斯政治和經濟意義上的戰略夥伴，即使該消息屬實，莫斯科也不會把中國發展武裝力量的行動和軍事建設視作對俄羅斯的威脅。」

俄羅斯地緣政治問題學院院長則解釋說，部署在黑龍江省的「東風—41」導彈儘管看起來與俄羅斯近在咫尺，但它瞄準的應該是美國。他說：「即使中國將『東風－41』部署到黑龍江，對俄羅斯的安全威脅也不是很大。因爲這種洲際導彈射程超過一萬兩千公里，最小射程肯定不小於三千公里，俄羅斯大部分國土、尤其是整個遠東和西伯利亞地區都不在這種導彈的有效射程內。從軍事角度而言，如果爲威脅俄羅斯，這些導彈應該部署到中國內陸腹地或者南部邊境地區。」

俄羅斯方面的說明，其實是故作輕鬆和自我解嘲，也肯定是在中國方面對他們首先做了溝通和解釋之後，才順水推舟地這麼說。然而，俄羅斯軍方部署新型遠程導彈預警雷達，稱爲「俄羅斯版的薩德（THAAD）」，監視範圍達五千公里，覆蓋中國全境，中國「東風－41」洲際導彈的布防，完全在俄國人的監控之下，一目了然。

其實，部署在中國東北的洲際導彈東風－41，既可以威脅美國，也可以威脅俄羅斯。只要把射程稍加調整，俄羅斯的歐洲部分，就在東風－41的覆蓋範圍之內。而那裡，恰恰是俄羅斯的政治和經濟中心。習近平把洲際導彈部署到中國東北，正是爲美俄聯手對付中國做準備，一旦川普的「聯俄抗中」戰略進入實施，東風－41就可起到兩面威懾的作用。

除了威脅，中共也準備暗中交易。在美俄兩國正式結成戰略聯盟之前，中共肯定會加緊活動，一則努力改善美中關係；二則全力穩住俄中關係；三則拚命阻止美俄聯盟。因爲，對習近平政權而言，最大的目標，核心利益中的「核心利益」，乃是保住中共政權。而美俄聯盟，將直接威脅中共政權的生命。因此，全力阻止美俄聯盟，就成了習近平政權最緊迫的工作。

出於政權危機和力阻美俄聯盟的緊迫性，可以預料，中共可以在貿易紛爭和北韓問題上改弦易轍，也可以在南海立場上後退，甚至於，如果川普政府給北京紅色政權製造的危險足夠大，中共連台灣也可以放棄。

川普組閣，延攬親俄派

川普一當選，就立即開始組閣，緊鑼密鼓。川普提名的內閣人選，既有競選班子裡的大將，也有建制派裡的重臣。但更多的，是內政與外交的鷹派人物。從中可以看出川普的政策走向，以及，競選期間的政見，哪些可能當眞，哪些可能打折扣。

縱觀川普內閣人選，大致分爲五類：富商、將軍、親台派、親俄派、反中派。所有這五類人物加在一起，可以說其主流派就是反中派。

雷克斯．提勒森（Rex Tillerson），**國務卿**（Secretary of State）

全球股票價值最大的公司 Exxon Mobil 的執行長（CEO），美國最成功的企業家之一。從上世紀九〇年代開始，先後與俄羅斯兩任總統葉爾辛（Boris Yeltsin）和普丁建立了良好的個人關係。

針對中國在南海的擴張，提勒森上任前夕曾發出這樣的警告：「我們將向中國傳達明確信息。首先，停止建造人造島。其次，你們不能接近這些人造島。」「中國建造這些人造島，就像俄羅斯吞併克里米亞一樣，都是非法的。」

上任之後，提勒森主張川普政府繼續尊重「一個中國」政策。當然，他指的也是美國的「一個中國」政策，而不是中國的「一個中國」政策。

邁克爾．弗林（Michael Flynn），**首任國家安全顧問**（National Security Advisor）

外表很酷、而且酷似 007 男演員 Daniel Craig 的弗林，是川普競選期間的重要顧問，選後被川普提名為國家安全顧問。上任前，弗林公開指出：「中國和北韓是伊斯蘭恐怖主義的同盟。」筆者聞言，不禁感嘆：這樣的真話，終於有美國政治人物能夠說出口來！

原來，早在十幾年前，筆者在哥倫比亞大學的碩士畢業論文，就以此為題，題目是《中國在恐怖主義和「反恐」中的真實角色》。筆者當時就論證：在蓋達組織、塔利班、伊朗和北韓的背後，都有共產中國的身影。共產中國是暗助國際恐怖主義的雙面掮客。其目的，是以國際恐怖主義牽制和削弱美國，換取北京共產政權的存活與擴張。

儘管弗林也提到俄羅斯、古巴和委內瑞拉等國與恐怖主義的聯繫，但川普陣營很清楚，相比之下，共產中國才是國際恐怖主義最有實力的支持者，在國際反恐戰爭中，北京才是那個不露臉的、文明世界的最陰險敵人。

弗林只擔任了國家安全顧問三個多星期，就被迫辭職。原因是弗林上任前，曾與俄羅斯駐美國大使通電話，談到美國制裁俄羅斯一事。然而，美國情報機構向媒體洩露弗林與俄羅斯大使的通話內容，也屬於洩密行為，引發美國社會的持續爭議。

除了提勒森和弗林，川普的首席戰略顧問巴農（Stephen K. Bannon），白宮高級顧問（Senior Adviser）、也是川普的女婿庫許納等人，都具有程度不同的親俄色彩。

俄羅斯駭客，困擾美國的話題

川普走馬上任，俄羅斯因素如影隨形。美俄和解、改善關係，是川普新政展現的輪廓之一。

然而，俄羅斯駭客入侵美國民主黨網站、間接干預美國大選，卻給美國政治帶來紛擾。面對美國情報部門提供的大量和確鑿證據，就連川普陣營，包括川普本人，最終都認可，俄羅斯總統普丁親自下令發動了這波網路攻擊。

比網路攻擊更甚的是，各種傳言紛起：川普受俄羅斯暗中栽培，川普勝選是普丁多年經營的結果；俄羅斯握有不利於川普的黑材料或致命機密，包括川普在莫斯科的性愛視頻……等等。這些傳言的眞僞，尚有待考證。川普本人，則憤怒地否定了這些傳言。普丁也出面予以堅決否認。

美國媒體和民主黨，對俄羅斯因素緊追不放，可以說是選戰以來反川普的繼續，但也體現媒體和反對黨的監督角色，是民主社會的常態。

困擾在於，俄羅斯駭客襲擊美國大選，究竟在多大程度上幫助了川普勝選，外界無從判斷；但俄羅斯駭客行爲，無可避免地，留下了不良後果，至少暫時地留下了不良後果，一方面，爲川普當選的合法性投下陰影。眾議員、黑人民權領袖路易斯（John Lewis）公開宣布不承認川普是合法當選的總統；包括路易斯在內，共計六十七名民主黨議員拒絕出席川普的就職典禮。這等規模的抵制行爲，在美國歷史上，尚屬首次。

另一方面，俄羅斯駭客攻擊，爲川普新政構成羈絆。川普有意推進美俄聯手，共同應對當今世界的重大挑戰，包括恐怖主義（伊斯蘭國）和中國威脅（實爲中共威脅）。但俄羅斯駭客話題，顯然成爲改善美俄關係的阻礙因素。

弗林辭職，美俄關係受挫

二〇一七年二月十三日，出任國家安全顧問不到一個月的弗林辭職，起因是，他曾於宣誓就任前與俄羅斯駐美國大使謝爾蓋·基斯利亞克（Sergei Kislyak）密談，談話中涉及到美國對俄羅斯的制裁。面對各界質疑，弗林先是否認有過這次談話，後來承認有過這次談話，但又否認談過制裁問題，最後又不得不承認談過制裁問題。弗林前後不一的說法，誤導了副總統彭斯，以致於後者曾公開在電視上爲他辯護。一向以溫和示人的彭斯得知眞相後，怒不可遏。這引起川普擔憂。弗林難以圓場，被迫辭職。

早些時候，二〇一六年底的一件事已經構成對副總統麥克・彭斯的冒犯。弗林之子曾發帖傳播有關希拉蕊・柯林頓（Hillary Clinton）的陰謀論。當時，彭斯上電視否認過渡團隊給弗林的兒子提供了安全許可權。但實際上，弗林的兒子的確獲得了這種許可權，儘管他父親對彭斯的團隊說他沒有。

接替弗林而出任國家安全顧問的，是陸軍中將哈伯特・麥馬斯特（Herbert McMaster）。麥馬斯特曾擔任美國陸軍「能力集成中心」主任、美國陸軍「訓練及戰略思想司令部」副司令。年輕時，麥馬斯特曾參加波斯灣戰爭，成爲精通戰術的戰鬥英雄。他率領美軍九人突擊隊，擊潰伊拉克衛隊八十多人組成的坦克和裝甲車部隊。

弗林履新僅二十四天即被解職，是美國史上最「短命」的總統國家安全事務助理，也是川普身邊第三位因「親俄」而離開的人士。弗林去職，無疑是對美俄和解、聯俄制中戰略的一次重創。

二〇一七年三月，美國聯邦調查局（ＦＢＩ）宣稱，正在調查川普的競選成員是否暗通俄羅斯，影響美國大選。這顯示，川普試圖重建美俄關係的戰略意圖繼續受阻，並無限期推延。對此，中共可能火中取栗，隨時加大與美國討價還價的籌碼。

因敘利亞阿薩德政府在內戰中使用化學武器，造成平民、包括兒童慘死，川普總統下令美軍發射五十九枚戰斧式巡航導彈打擊敘利亞政府軍（二〇一七年四月六日）。因俄羅斯支持阿薩德政府，此事造成美俄之間產生齟齬。但川普事先知會了普丁，俄方牴觸不會太大。而在美國國內，一定程度上，川普得以稍微洗脫有關川普陣營「暗中通俄」的嫌疑。

川普炒掉聯邦調查局長，手法太笨拙

二〇一七年五月九日，川普突然宣布，解除詹姆斯．柯米（James Comey）的聯邦調查局長的職務。川普寫給柯米的解職信中，毫不客氣地說：「你現在被解除職務，立即生效。」當時，柯米正在加州巡視，從電視屏幕上看到自己被解職的消息，不敢置信，最初還以爲是有人惡作劇。他反應過來之後，趕緊搭機飛回華盛頓。

事後，外界的猜測獲得證實：川普炒掉柯米，原因就在於，柯米仍在深入調查「通俄門」

事件，即去年大選期間，川普陣營與俄羅斯方面暗中勾結的嫌疑。早前，川普的首任國家安全顧問弗林爲此被迫辭職。

更多的細節傳出：川普曾要求柯米停止調查弗林，轉而調查那些向媒體洩密的人。柯米沒有答應，只是把川普所說的話記錄在案。在一次晚餐中，川普要求柯米效忠自己，柯米沒有明確表態。於是，川普決意炒掉柯米。

柯米本身也是一個爭議人物。去年大選期間，他曾主持調查柯林頓的「電郵門」事件，最初的結論是柯林頓沒有明顯違法，決定「不起訴」，遭到川普抨擊。但距離大選投票不到十天時，柯米又突然宣布重啓調查，受到川普讚揚。此事對大選構成一定衝擊。到大選投票前一天，柯米宣布，沒有發現柯林頓洩密的新證據，因而維持對柯林頓的「不起訴」決定。但爲時已晚，民主黨及支持者都認定，正是柯米在投票前夕突然重啓調查，投下震撼彈，導致柯林頓輸掉大選。柯米成爲柯林頓支持者眼中的「罪魁禍首」。

大選期間，柯林頓陣營曾質疑柯米，爲什麼不調查俄羅斯入侵民主黨電腦系統的駭客行爲、以及俄羅斯與川普陣營有某種聯繫的傳聞？柯米不爲所動。但大選結束、川普當選後，柯米卻展開了對川普陣營「通俄門」的調查，大有「不包庇任何人」的公正架勢。但柯米「哪壺不開提哪壺」的做法，讓川普對他的態度，由喜轉怒。

突然炒掉柯米的舉動，卻凸顯川普在政治上的魯莽和笨拙。其一，川普在解僱信中公開說，柯米三次告訴川普，川普本人不是調查的對象，對此，川普表示感激。川普透露這個信息，反而給人欲蓋彌彰的感覺。而這個信息也顯示，川普與柯米，兩人的表現都不妥當。其二，川普面對記者採訪，提到他與柯米共進晚餐的細節，讓人懷疑他對柯米拉攏或施壓。其三，川普又在推特上提到他和柯米的談話有「錄音」，隨後又否認，釀成「錄音門」疑雲。其四，川普剛剛炒掉柯米，第二天，就在白宮會見了俄羅斯外長和駐美國大使，給外界一種迫不及待的印象：川普迫不及待地要向俄羅斯示好。

川普炒掉柯米後，有國會議員立即提出，有必要讓獨立檢察官展開對「通俄門」和川普本人是否涉案的調查。果然，一週後，美國司法部任命前聯邦調查局局長羅伯特·穆勒（Robert Mueller）爲特別檢察官（special counsel），負責調查川普陣營涉嫌的「通俄門」事件。

「通俄門」調查，可能耗費時日，如果最終結果顯示，川普本人沒事，他的政府可望向前運作，走上正軌。如果川普本人涉案，有不法情節，那麼，美國政壇將掀起巨大政治風暴。

依據川普「不擇手段」的商人性格，不能排除的可能性是，競選期間，川普曾下令屬下與俄羅斯聯絡，借用俄羅斯駭客，達到整垮柯林頓的目的。如果實情如此，川普當選的合法性將受到質疑，川普可能遭彈劾或被逼辭職，美國也有可能重新舉行總統大選。

川普向俄羅斯洩密？誘發政治風暴

更要命的是，就在川普會見俄羅斯外長和大使之後，很快傳出川普向俄羅斯方面洩密的消息，美國媒體大幅報道，輿論譁然。據說，川普與俄羅斯官員談到敘利亞問題時，洩露了有關 ISIS 的「高度機密信息」，危及美國在敘利亞或中東地區的合作夥伴。後來，有消息顯示，這些機密來自美國在中東的盟國——以色列。

川普否認自己洩密，但他卻在推特上說：「作爲總統，我想要和俄羅斯分享有關恐怖主義和航班安全的信息，而且我完全有權利這麼做。」

一位前美國高官由此提出推理和質疑：一個月前，當川普與中國領導人習近平會見時，兩人曾有單獨相處的一小時，川普是否也向習近平洩露了有關北韓的機密信息。就在白宮被鬧得一團糟的時候，《紐約時報》定義川普爲「幼稚病患者」，擔憂「這個世界正被一個幼稚鬼領導」。

其實，在這層洩密的疑惑之外，還有另外一層洩密的疑惑，那就是，美國政府內，是誰向媒體洩露了川普與俄羅斯官員的談話？川普會見俄羅斯外長和大使的時候，已經將媒體和記者全部回拒於外。同樣的情況也發生在弗林身上，當初，是誰向媒體洩露了弗林（當時還是平民身分）與俄羅斯大使的通話？答案是：美國情報部門。在監聽俄羅斯駐美大使的時候，意外聽到了弗林與俄羅斯大使的通話。當時的情報部門，還處在歐巴馬政府的管理之下。

與弗林的情形類似，應該也是美國情報部門洩露了川普與俄羅斯官員的談話。川普與俄羅斯官員會見結束後，協助處理國土安全和反恐事務的總統助理托馬斯．博塞特（Thomas Bossert）立即給中央情報局和國家安全局打了電話，意在通報並提醒情報部門，防範川普與俄羅斯分享情報後帶來的危害。顯然，接到通報的情報部門裡，有人隨後就向媒體洩露了川普與俄羅斯官員分享情報的談話內容。

這些情節，突顯了川普執政的困境：體制內存在強大的反川普勢力，主流媒體更是川普的死敵。眾所周知，川普競選總統，是以反體制、反建制派而著稱。雖然當選，川普立即面對體制內反川普勢力的對抗。這些勢力，不分黨派，遍及美國政府的各個部門，並非政黨輪替、新總統上任所能全部換人。而川普與主流媒體的敵對關係，創下歷屆美國總統之最，從競選期間直到上台執政，毫無改善。一旦主流媒體接獲對川普的不利資訊，立即大幅炒作。

川普不斷出狀況，到處惹麻煩，除了他自己魯莽的個性、笨拙的手法，還在於，反川普的體制內勢力，與反川普的主流媒體，二者相加，裡應外合，內外掣肘，讓川普舉步維艱，甚至出盡洋相，隨時可能釀成政治風暴。如果有那麼一天，無論是因爲「通俄門」還是「洩密門」，事態發展到川普遭國會彈劾的程度，也並不會令人感到太驚奇。

第七章★ 習近平恐嚇川普：搶奪潛航器

「中國在國際水域偷走了美國海軍科研無人潛航器，把它從海裡抄出來帶往中國，這是前所未有的行徑。」——唐納·川普，美國當選總統

每逢美國換總統，中國都要亮一手

二〇一六年十二月十五日，中共海軍當著美國船員的面，悍然搶奪了美國船員正在起撈的潛航器（UUV）。

針對這一情節，中共當局的表述是「捕捉」、「撈起」；歐巴馬政府的表述是「拿走」、「取走」；川普的表述是「偷竊」。實際上，這些表述都不恰當。中共的行爲，是搶奪、搶走、搶劫。就在光天化日之下，當著美國船員的面。這是赤裸裸的搶劫，是對美國的公然羞辱。

這是習近平給即將卸任的歐巴馬總統一個「告別禮」，給即將上任的川普總統一個「下馬威」。其實，這樣的「下馬威」和老把戲，中共已經玩過，都是趕在美國新總統上任之初。

江澤民當政時期，二〇〇一年四月一日，小布希總統上任才兩個多月，中共製造了中美戰機南海撞機事件，肇事的中方飛行員王偉死亡，美國偵察機受傷，迫降中國海南島陵水機場。僵持兩個多月後，中美雙方達成妥協：美國偵察機拆卸成部件，運還美國。但，顯然，在此期間，中方竊取了美國偵察機的整套技術機密。

同年爆發九一一恐怖攻擊，美國爲集中力量對付蓋達組織等國際恐怖集團，被迫與中國「和解」，結爲廣義上的國際「反恐聯盟」。中共得以擺脫美國壓力，度過難關，並趁美國反恐之機，暗中在亞洲擴張，挖美國後院牆角。

胡錦濤當政時期，二〇〇九年三月八日，歐巴馬總統上任不到兩個月，美國海軍海洋研究船「無瑕號」行駛在中國近海時，突然遭到解放軍偵察船、海監船等五艘中國艦船包圍、逼近並拋擲木頭等物予以糾纏，美國「無瑕號」被迫噴水反擊，並緊急下錨。

歐巴馬任職期間，中國在南海大舉擴張，從撞擊越南漁船、搶奪菲律賓島嶼，發展到大規模填海造島，並對中國占有的南海島嶼進行步步升級的軍事武裝。布設雷達，修築軍用機場，直至架設導彈。儘管歐巴馬實施了重返亞洲、圍堵中國的戰略，但總體而言，力度不夠，動作遲緩；遭遇挑釁時，反應低調，甚至輕描淡寫。美國海軍將領私底下抱怨，大多數時候，歐巴馬不同意軍方提出的反制和反擊措施，並一再推遲南海自由航行行動。歐巴馬力圖避免刺激中共，卻讓後者得寸進尺，氣焰囂張，一發而不可收拾。

習近平給川普的下馬威

這一回，就在歐巴馬即將離任、川普即將上任之時，中共海軍當著美國船員的面，悍然搶奪了美國船員正在起撈的潛航器。

對比二〇〇一年撞機事件和二〇〇九年「無瑕號」事件，這一回的潛航器事件，在地點、時間、行為方式上，大有不同。

地點：二〇〇一年撞機事件和二〇〇九年「無瑕號」事件，都發生在中國的專屬經濟區，中方曾依據《國際海洋法公約》爲自己的行爲辯護。但這一回，發生在菲律賓蘇比克灣（Subic Bay）五十英里處，不是在中國的專屬經濟區，而是在菲律賓的專屬經濟區。

時間：上兩次發生在美國新總統上任之初，這次發生在美國新任總統上任前夕。如前所述，不僅是給即將卸任的歐巴馬總統一個「告別禮」，而且是給即將上任的川普總統一個「下馬威」。

習近平的盤算是，因川普與台灣總統通話、並質疑「一個中國」政策，北京需要採取報復行動，來給川普顏色看。搶奪美國潛航器就是北京精心策劃的一幕驚悚劇，意在阻嚇川普。如果說，川普僅僅是喊話，習近平已經開始行動，趕在川普的行動之前。除了搶奪美國潛航器，還派出軍機「繞台灣飛行」；派出「遼寧號」航母，進入台灣海峽示威。

之所以選在川普上任之前，習近平的另一層盤算是，美方處理此事，仍是歐巴馬總統負責，依據習近平對歐巴馬習性的了解，以及其任期即將結束的處境，歐巴馬一定會忍氣吞聲，息事寧人，儘可能低調處理，不至釀成重大衝突。若由川普來處理此事，則難以預料，習近平的冒進，可能闖下大禍，或難以收場。

行為方式：二〇〇一年，中國戰機逼近美國偵察機，以上下翻滾動作挑釁，解放軍飛行員爲秀「高超技藝」，不慎釀成撞機，中方機毀人亡。二〇〇九年，中共艦船包圍、襲擊、攔阻美國「無瑕號」，意在恐嚇，最後放「無瑕號」離去。而這一回，中國海軍主動出擊，闖進菲律賓海域，當著美國船員的面，公然搶走美國潛航器。若再用《國際海洋法公約》來解釋，中國就是違法犯法。與前兩次的說詞，構成自相矛盾。況且，搶奪他國財物，更是多重性質的違法犯罪。中共挑釁升級，已經有恃無恐。

解析歐巴馬的軟弱，除了其左傾的意識形態，還有他一上任就獲得諾貝爾和平獎的牽制，與其說是光環，不如說是枷鎖，讓他在面對外部挑釁時，優柔寡斷，舉步維艱。歐巴馬對中共表現軟弱，是否與其弟弟在中國做生意、娶中國女人做太太有關？尚不得而知。馬克・歐巴馬・狄善九（Mark Obama Ndesandjo）於九一一事件後進入中國深圳，一開始默默無聞，當哥哥巴拉克・歐巴馬出任美國總統後，這名弟弟在中國爆紅，生意大獲成功。以中共的政治嗅覺和統戰本領，絕對不會放過對這名歐巴馬弟弟的百般「關照」。

川普宣稱不要了，習近平迅即歸還

五天後，北京歸還了美國潛航器，但在歸還前，中方肯定已經竊取潛航器的整套技術機密。而在五天的談判中，中方還試圖逼迫歐巴馬政府讓步：減少，甚至停止美國在南海的偵查活動。

候任總統川普撂下一句：「我們應該告訴中國，我們不要他們歸還偷走的潛航器，就讓他們留著吧！」

中國官媒大呼川普「火上澆油」（《環球時報》）。中共喉舌的潛台詞所反應的焦慮是，如果美國當眞不要這個潛航器了，中共不僅失去了談判籌碼，還可能等來意想不到的報復（事實證明，潛航器事件後，川普更加速部署反擊中國的戰略）。

如前所述，厚黑成性的中共集團，慣於製造問題，並誘使對方來「解決問題」，藉機大行敲詐。這套欺詐術，類似北韓的金正日、金正恩父子。

中國搶奪美國潛航器，德國媒體形容爲北京「首次扮演強者角色」。是的，北京顯得很強悍、很囂張。對比之下，歐巴馬顯得很懦弱、很窩囊。中共深知，美國是一個文明國家，不會輕易動怒動武，總是百般忍耐；即便發作，也是後發制人，尤其歐巴馬執政之時。假如對方是俄羅斯或北韓，中共則斷不敢冒此風險，弄不好，恐吞吃對方賞來的一顆核彈。換言之，中共對君子之國可以示強，對流氓之國則只能示弱。

習近平頻繁換將，作勢要在南海開戰

在川普上任的第一個月裡，習近平頻繁更換解放軍將領。原南海艦隊司令員沈金龍升任海軍司令員；原海軍副司令員王海接任南海艦隊原司令員；原南部戰區副參謀長張文旦接任北海艦隊原司令員；原南部戰區副司令員兼參謀長魏鋼接任東海艦隊司令員；原北海艦隊司令員袁譽柏升任南部戰區司令員。

習近平任內，一直苦心經營南海。這些年，他調遣軍隊，主要都發生在南海和南部戰區，因此，在那裡更換將領，相對比較容易。習近平顯露的意圖之一是，把南部戰區和南海艦隊打造成忠於自己的親信部隊。但過於重用來自南海艦隊和南部戰區的將領，很可能引發軍中派系不服、不平、不滿，埋下軍隊內鬨的火種。

習近平更換將領，表面上出於年齡原因，實際上還有進一步清洗原軍委副主席徐才厚、郭伯雄餘黨的目的；表面上針對外敵，但實際上更針對內敵，爲中共「十九大」召開鋪路。習近平的用意是，在黨政高層權力重組之前，完成軍隊高層的權力重組。用軍權的安穩，保障政權的安穩。

習近平頻繁換將，並集中在南海艦隊、海軍和南部戰區，對外而言，主要是做給美國看的把戲。習近平有意釋放給川普的信息是：中國加緊在南海備戰，並隨時可以打響戰爭。

與習近平硬碰硬，川普大增軍費

二〇一七年二月下旬，美國總統川普決定大增軍費，在二〇一七年的財政預算裡，增加軍費五四〇億美元，增幅十％，這是自二〇〇八年以來美國軍費的最大增幅。競選期間，川普就誓言，要增強美國軍力，尤其海軍軍力。川普提出，將把軍艦數目，從二七四艘增加到三五〇艘。川普上台，說話算數，而且做得更多。

二〇一七年三月上旬，中共召開「人大」、「政協」兩會，會上宣布，二〇一七年，中共將增加軍費七%，中國年度軍費首次突破一兆人民幣，占國民生產總值的一．三%。同月，解放軍組建了海軍陸戰隊第三旅，使中國海軍陸戰隊達到一萬四千人。

會前，中共強硬派喉舌《環球時報》發表社評，題爲「衷心希望中國軍費增幅重回兩位數」。之後，卻又發表這樣的社評，題爲「軍費只增七%左右彰顯中國的淡定」。猶如自打耳光，唾面自乾。《環球時報》在二〇一六年的兩會前也曾發出同樣的呼籲而未果。

當然，中共公布的數據，並不可靠，其軍費與維穩費的實際數字，往往比公布的更高。川普的預算，須經國會批准。而中共當局的預算，在「兩會」那裡，只是走一個過場，兩個橡皮圖章，用一下而已。

自一九八九年六四屠城事件後，中共連續二十多年暴增軍費，大多數年份高達兩位數，這是刺激美國軍費增長的原因。川普政府正在與歐洲和亞洲的盟國談判，要求盟國增加軍事合作的支出分攤，以減少美國的支出部分，已取得初步成效。美國軍費的一增一減，爲的是把主要軍事矛頭指向北京，那個對內鎭壓、對外威脅、而且充當北韓核威脅背後的最大黑惡勢力。川普的戰略，展示決心，而且精明。

二〇一七年二月十八日，川普下令，由核動力航空母艦卡爾・文森號（USS Carl Vinson CVN-70）、導彈驅逐艦韋恩・邁耶號（USS Wayne E. Meyer DDG-108）以及艦載飛行聯隊組成的美國強大海軍編隊，浩浩蕩蕩，開進南海，展開巡邏。

二〇一七年三月二日，川普總統在國防部長馬提斯的陪同下，登上即將服役的新一代核動力航空母艦「福特號」（USS Gerald R. Ford）。川普當場誓言：將把美軍航母從十艘增至十二艘，以揚國威。川普告訴在場的三千多名美國官兵：「我們可以預防戰爭，但如果有必要開戰，那麼，我們只做一件事，那就是贏，贏得勝利。」

川普警告潛在的敵人：「你們不要跟美國作對，否則你們承受不起後果。」還說：「希望我們沒有必要動用軍力。但是，當我們不得不動用軍力，他們的麻煩就大了。」這裡的「你們」和「他們」，指的都是（共產）中國。若干中國媒體自動承認了這一點。中國多維網的標題是「特朗普警告北京：等我動武你們就完了」。

面對中共在南海步步升級的擴張，美軍將領曾抱怨歐巴馬，美軍有行動的能力，但美軍最高統帥（歐巴馬總統）卻沒有行動的決心。如今的川普總統，就是要展現行動的決心。

南海問題，有明確的因果關係和正邪之分。南海局勢變化和不斷升級的緊張，原因在北京，在於中共的挑釁、擴張和步步升級的軍事化動作。美國的反應，是對北京的反制，是結果。因爲中共是肇事者，是現狀的破壞者，而美國是現狀的維護者、和平的守護者，故而正邪分明，美國爲正，中共爲邪。

如果中共繼續在南海擴張或軍事化，比如，在黃岩島填海造地，或進一步軍事化人造島，或設立範圍廣大的南海識別區，美國應該出手阻止，不惜一戰。筆者說過，美中開戰，早開戰比遲開戰好。當前，美國海空軍在質量上和數量上都占據優勢，有制勝的把握。但如果拖延下去，讓中國軍備縮小差距或趕上來，將來開戰，反而對美國不利，對文明世界構成更大危險。當此之際，美國應該下定決心，以堅決姿態，擊退中共的擴張野心，堅定捍衛二戰結束以來的全球秩序與世界和平。

第八章★習近平討好川普：拉攏與收買

「I love you!」（我愛你們！）——吳小暉，鄧小平外孫女婿、中國安邦公司董事長

中共的手段，自詡爲「一手硬，一手軟」。除了硬的一手，又來軟的一手。除了示威與恐嚇，北京還施出拉攏與收買手段，力圖籠絡川普團隊裡的核心人物，以利相許，以利相誘。如果說，墨西哥和加拿大政府不具有收買的用心，七個主要穆斯林國家政府不具有收買的能力，那麼，可以說這兩樣中國政府都不缺：收買的用心和能力。

鄧小平外孫女婿密會川普女婿

就在川普當選總統一週後，二〇一六年十一月十六日，川普女婿賈里德．庫許納（Jared Kushner）與中國安邦公司董事長吳小暉在紐約華爾道夫酒店（Waldorf-Astoria Hotel）密會，共進晚餐，進一步敲定雙方的合資項目，即重建第五大道六六六號，那是庫許納本人的商業大本營。又過了一週，庫許納的父親又與吳小暉在華爾道夫酒店共進午餐。在場人士披露，庫許納父親離開後，吳小暉掩飾不住地喜極欲狂，用英語向隨從高呼：「I love you!」（我愛你們！）

名爲民營企業的安邦公司，實爲中共太子黨公司，除了董事長吳小暉是鄧小平的外孫女婿，還有已故中共元帥陳毅之子陳小魯、前總理朱鎔基之子朱雲來等人，都先後擔任該公司董事。安邦公司在美國大學收購，包括成功收購華爾道夫酒店。吳小暉與庫許納及其父親的密談，就是在這家酒店舉行的。然而，安邦在美國的部分收購流產，因無法向美國相關部門提供股份結構信息，足見其背景之深厚和神秘。

就像眾多中國富豪一樣，吳小暉毫不掩飾自己善於投機的本色，他對自己當年能勾搭上鄧小平的外孫女頗為自得。吳小暉曾公開炫耀自己的運氣和精明：「如果你選擇留在農村，你只能遇到普通村姑；但是如果你來到巴黎，你就有機會親眼見到蒙娜麗莎。」

川普當選以來，中國政府發言人多次表示：「中方與川普團隊，保持著溝通和接觸。」顯然，這種溝通和接觸，多數在檯面下進行。比如，與川普家族保持溝通與接觸的吳小暉，就扮演了這樣的角色。吳小暉瞄準川普女婿的，表面是商業，實際是政治。二〇一六年十二月初，川普與台灣總統蔡英文通話後，中國政府就是通過吳小暉這條線索，向川普及川普陣營轉達了不滿。

就在川普會見中國阿里巴巴董事局主席馬雲的同日，二〇一七年一月九日，川普任命自己的女婿庫許納為白宮高級顧問，再度引發各界議論紛紛。

吳小暉對庫許納家族旗艦大廈（紐約第五大道六六六號）的投資談判，早在二〇一六年美國總統大選期間就在進行。川普當選總統之後，相關談判突然加快，吳小暉和安邦公司做出大幅讓步。如果這筆高達六十七億美元的生意成交，庫許納家族將獲得如下好處：庫許納家族投資七．五億美元，就能換取七十二億美元項目的二十％股份，即十四．四億美元股份；庫許納家族出資五千萬美元，就能清償此前一一．五億美元的債務；另外，庫許納家族還將從這筆交易中獲得四億美元的套現。這筆巨額現金，實際就是吳小暉和安邦公司白白送給庫許納家族的一個巨大紅包。

很明顯，這是一樁不對稱、不公平、一邊倒的交易。吳小暉和安邦公司甘願吃虧，那是因爲，他們要占便宜。中國有俗話：「吃小虧占大便宜。」或「放長線釣大魚。」吳小暉瞄準的，是庫許納本人，通過庫許納這條暗線，影響川普總統的中國政策。

因爲有了與安邦公司交易的談判，頻繁聯絡庫許納的，不只是吳小暉，還有中國駐美國大使崔天凱。正是崔天凱與庫許納密商，才促成了提前登場的川普、習近平莊園會。

川普上任總統之後，先後任命女婿庫許納爲白宮高級顧問、女兒伊凡卡爲總統特別助理。看上去，年邁的川普離不開他最鍾愛的女兒和女婿，有意讓他們住進白宮，日夜陪伴自己，並協助自己處理公務。爲了避嫌，庫許納轉讓了公司股份（給其他家族成員），暫停經商；但伊凡卡還沒有清空自己頭上的股份（如位於華盛頓的川普國際酒店股份）。他們不領薪水，義務爲川普政府工作。但仍然不能擺脫包括反對黨和各界的質疑。

作爲商人與富豪的川普，當選美國總統，能否規避家族利益與國家利益的衝突，一直是外界、尤其新聞界關注的焦點之一。筆者相信，美國民主制度堅實而強大，言論自由、新聞自由、司法獨立、反對黨和國會的監督角色，也須臾不缺。在如此嚴格的監督下，川普家族不至於走得太遠。

果然，就在川普、習近平首次見面前一個星期，二〇一七年三月二十九日，庫許納家族突然宣布：終止與中國安邦公司的交易談判。這無疑是庫許納和川普的明智之舉，懸崖勒馬。在首次川習會之前就終止與中國紅色權貴的曖昧交易，有助於川普擺脫個人因素，堅守美國利益至上。中國的腐敗文化，碰壁於美國民主制度的銅牆鐵壁而暫時受挫。

川普得力助手，私通中國，任命泡湯

相似的，還有另一個故事。中國海航集團（HNA）出資收購了安東尼·斯卡拉穆奇（Anthony Scaramucci）在天橋資本（SkyBridge Capital，對沖基金公司）擁有的全部股權（二〇一七年一月十七日）。

海航集團董事長陳峰身分特殊，他本人多次成爲中共黨代會代表，他的商業合作夥伴之一是前政治局常委賀國強的兒子賀錦雷。斯卡拉穆奇則是川普競選期間的得力助手，曾負責募捐工作。川普當選後，有意任命他爲白宮的商界聯絡人。

然而，白宮幕僚長萊恩斯．蒲博思（Reince Priebus）和首席戰略顧問史蒂芬．巴農（Stephen K. Bannon）卻聯手阻止了斯卡拉穆奇上任。正因爲中國海航集團與斯卡拉穆奇的這筆交易，包括蒲博思和巴農在內的白宮官員，大都反對斯卡拉穆奇出任白宮的商界聯絡人。這個任命泡湯，證明川普內閣成員對可能存在的利益衝突保持著警覺和防備。中共的收買策略未必奏效。很可能是「竹籃子打水一場空」，白忙活。

就在中國海航集團收購美國天橋資本屬於斯卡拉穆奇的股權的當天，斯卡拉穆奇正在瑞士出席世界經濟論壇（達沃斯論壇）。當日，他發表如下言論：「中國和美國有著共同的事業，美國新政府不希望與中國爆發貿易戰。」他自己「尊重中國和中國領導人」。並稱：「川普政府希望與中國建立非凡的關係。」由此顯露，此人是一個親中派。

唯一在中國敗訴的美國總統？突然轉運

妥協與讓步，外加拉攏與收買，中國政府絞盡腦汁、用盡手段，討好川普或川普陣營裡的要角。其實，中共對川普的討好早就開始了。就在川普當選美國總統五天後，在中國拖延了十幾年的川普商標訴訟官司，突然朝著有利於川普的方向逆轉。二〇一六年十一月十三日，中國國家工商行政管理總局公布：川普商標重新申請註冊獲得初審通過，侵權者董偉的「川普」商標被宣告無效。

而在此之前，川普的訴訟一再被北京法院判決敗訴，以致於，川普當選總統之日，即被中國網民戲稱為「唯一在中國敗訴的美國總統」。然而，五天後，事態翻轉。那個名叫董偉、侵權川普商標並兩次從北京法院獲判勝訴的中國奸商，如今只能自認倒霉。

中國政府做得到這一點，它可以操控一切。正如中共最高人民法院院長周強在二〇一七年初的高調宣示：「抵制司法獨立。」這是一個掌控了大國資源、權力高度集中的政府，利用其手中掌握的無限權力和資源，進可攻，退可守，中間還大有做交易的迴旋餘地。

習近平深諳慈禧太后的哲學：「量中華之物力，結與國之歡心。」習近平的圖謀是：「量中華之物力，結川普之歡心。」況且，與一百多年前的清廷相比，中共的工具箱更充實，討好、迎合和利誘川普政府，習近平的手段甚多。

中共慣於輸出其腐敗文化，最擅長的，就是金錢收買，賄賂外國官員和商人從來就是他們的拿手好戲。奉行實用主義和重商主義的川普家族，能否禁得起北京腐敗集團的糖衣炮彈？美國社會更需要睜大眼睛。

至於中國官方媒體，對川普的態度，從最初的嘲弄，到後來的觀望，再到後來的示好，充分表現出中共喉舌的功利性以及狡詐善變。

中國大使館新年晚會，為伊凡卡量身定做

二〇一七年，中國農曆新年之際，川普總統沒有向華人拜年，但他的女兒伊凡卡（Ivanka Trump）前往中國駐美國大使館表達了祝賀之意（二〇一七年二月一日）。當天，伊凡卡還帶上了她五歲的女兒，即川普的外孫女阿拉貝拉（Arabella），阿拉貝拉正在學中文。隨後，阿拉貝拉用中文演唱的一首《新年好》視頻在中國網路上瘋傳。中共《環球時報》欣喜地寫道：「她（伊凡卡）的對華善意姿態被廣泛賦予政治及外交意義，這同樣是中美關係新鮮的一幕。」

然而，伊凡卡和女兒到中國大使館參加新年晚會一事，並不簡單。實情是，中國政府下

足功夫、使足全力上演的一場公關秀。中國駐美國大使崔天凱，費盡九牛二虎之力，才辦成這件事。崔天凱通過鄧文迪（Wendi Deng Murdoch）從中牽線。

鄧文迪（Wendi Deng Murdoch），是美國媒體大亨默多克（Rupert Murdoch）的第三任前妻，原名鄧文革（其父母爲紀念毛澤東的文化大革命，而給女兒取名文革），一九八五年改名鄧文迪，大概是覺得，文革已經結束，「鄧文革」這個帶著紅色血腥的名字太刺眼。

鄧文迪與伊凡卡素有交情。伊凡卡是鄧文迪兩個女兒的股票基金信託人。鄧文迪力邀伊凡卡出席中國大使館的新年晚會，伊凡卡猶豫再三，最終答應邀請，一方面看在鄧文迪的面子上；另一方面，當然，最後也得到了父親川普的同意。但伊凡卡沒有擔任政府公職，並不代表美國總統和政府。川普同意女兒前往，也算是給中國政府一個面子，表示最低程度的禮貌。

有傳言說，中國政府付給鄧文迪的仲介費高達一億美元；還有傳言稱，鄧文迪本來就是中共資深間諜，關鍵時刻出來發揮作用。

中國大使館的這場所謂新年晚會，既不是大年三十，也不是大年初一，也不是正月十五元宵節，而是毫無理由的初五，原來就是要等待伊凡卡的同意，並等待伊凡卡可以的時間，於是就湊在了二月一日，莫名奇妙的初五這一天，可以說，這場新年晚會，完全是爲伊凡卡量身定做，中方煞費苦心、費盡心思，極盡遷就。

中國官方媒體對此大肆炒作，並宣傳成伊凡卡主動前往，暗示是川普對中共示好的表現。《環球時報》爲此發表社評，題爲「伊凡卡對華表達善意爲何廣受關注」。事後，中國還大肆炒作伊凡卡女兒唱中文歌的視頻，讓這個視頻在中國各網站瘋傳。中共御用人士甚至謊稱，這個視頻上傳在中國大使館的新年晚會之前，實際上是在新年晚會之後。

然而，就在中國大使館的新年晚會上，鏡頭顯示，這個五歲的小女兒，隨母親伊凡卡出現在晚會現場時，一臉害怕，中國大使崔天凱上前逗她，她直搖頭，並往母親身邊躲，讓白髮蒼蒼的崔天凱討了個沒趣；有中方服務人員遞上大紅蠟燭讓她點燃，顯然是設計好的片段，她也直搖頭，只顧往母親身邊躲，蠟燭被迫撤走。整個晚會上，這個小女兒一臉膽怯和驚懼的表情，毫無笑容。伊凡卡本人，有時候笑得勉強，大多數時候卻是神情肅然，與喜慶的氣氛極不相稱。這一切，彷彿是一種不祥之兆，籠罩著美中關係揮之不去的陰影。

馬雲出場，向川普「納貢」

話說二〇一七年一月九日，美國候任總統川普會見了馬雲，後者是中國阿里巴巴集團董事局主席。會見後，面對記者，川普表示：「這是一次非常好的會見。馬雲和我要做一些大事情。」但個子矮小的馬雲當即低聲對川普說：「小企業，我是說，幫助美國的小企業。」馬雲強調「小」，似乎要淡化川普所宣布的「大」。當時，川普表情嚴肅，馬雲嘻皮笑臉。兩人握著手，馬雲不時翻起白眼，瞟向川普，掩飾不住討好和獻媚之態。

所謂「大事情」，就是馬雲承諾，阿里巴巴將在未來五年為美國創造一百萬個工作機會。乍聽之下，對美國是好事。

然而，阿里巴巴的背景並不簡單。名為民營企業，實為權貴企業。阿里巴巴的投資人或股東，充斥著中共權貴。前中共總書記江澤民的孫子江志成、前總理溫家寶之子溫雲松、現任政治局常委劉雲山之子劉樂飛、前中共元老陳雲之子陳元、前中共元老王震之子王軍、前政治局常委賀國強之子賀錦雷、前中共副總理曾培炎之子曾之傑……等等，共計二十多個前任和現任政治局常委的家族，均成為其投資人或股東。

名爲董事局主席的馬雲，實爲中共權貴代理人。川普候任期間，不曾會見中國官員。但會見名爲中國商人的馬雲，其實就是會見了一個中國政府的「特別代表」。其中的深長意味，不言而喻。

二〇一六年十二月六日，川普會見日本軟銀集團（SoftBank）總裁孫正義。後者答應將在美國投資五百億美元，爲美國創造五萬個工作崗位。中共喉舌《環球時報》爲此發表，說軟銀集團有日本政府背景，這筆投資，是軟銀集團和日本政府向川普「效忠納貢」。《環球時報》同時宣稱：「中國絕不可向明年一月二十日以後的美國『納貢』，我們應當做的是把那筆錢變成中國的新增軍費……。」這篇評論的標題是「中國應大幅擴充戰略核武，絕不能向美納貢」。

然而，一個月後，馬雲模仿孫正義，拜見川普，並承諾要爲美國創造一百萬個工作崗位。爲此，中共喉舌《環球時報》卻立即發表這樣的社評，題爲「馬雲不是去美『納貢』，更像去『擴張』」。《環球時報》用雙重標準說事，只是爲了糊弄中國民眾，其實是欲蓋彌彰、不打自招。

其實，按照《環球時報》把日本軟銀公司承諾爲美國創造五萬個工作崗位定義爲向川普政府「納貢」的邏輯，馬雲的表態，更是代表中國政府向川普政府的納貢。對比軟銀集團，阿里巴巴才更具有明確的政府背景。這是川普就經貿問題一再重錘敲打中國、一再向北京示強之後，北京軟化立場、被迫向川普輸誠的表現。

自從川普當選、並組成針對中共的強勢內閣人選之後，北京恐懼日增，害怕美中貿易戰成眞、害怕川普聯俄制中（共）、害怕川普放棄「一中」政策……，因而緊急行動，在表面上嘴硬的同時，大搞私下活動，包括利益輸出，向川普服軟、示好。

就在川普會見馬雲的時候，台灣總統蔡英文正過境美國，之前曾打破三十七年陳規而與蔡英文通電話的川普，此時，授權其團隊聲明，川普或川普團隊，沒有與蔡英文會見的安排，顯示在台灣立場上的一定退縮。（當然，並不排除川普團隊安排其要人與蔡秘密會見的可能性。）

馬雲，假貨與盜版貨大王

阿里巴巴集團，是中國最大電子商務公司，其屬下的「淘寶網」，營業額超過Amazon

和 eBay 的總和，成爲全球最大的「網路集市」。阿里巴巴的創始人馬雲，原是民營企業家，但當其品牌顯露頭角之後，卻被紅色權貴盯上。馬雲自己，也正想巴結權勢，雙方一拍即合。大批紅色權貴進入阿里巴巴，成爲該集團的投資人、股東或高級管理人。

完成權錢交易後，二〇一三年，馬雲借口談企業經營，就天安門事件表態：「你在這個當口上，好像鄧小平在六四當中，他作爲國家最高的決策者，他要穩定，他必須要做這些殘酷的決定。這不是一個完美的決定，但這是一個最正確的決定。」馬雲的這番話，似乎是對天安門事件的表態，確保自己「政治正確」，免受不必要的干擾。

官商一體，權錢聯姻，使阿里巴巴迅速壯大，並走向國際。二〇一四年，阿里巴巴到美國上市，很短時間內，就「圈錢」數百億美元。馬雲一舉躍居亞洲首富，超過長期高居亞洲首富的香港巨商李嘉誠。

二〇一五年初，阿里巴巴與中國國家工商總局互槓。國家工商總局公布監測結果：阿里巴巴旗下的淘寶網，正品率只有三七．二五％，換言之，淘寶網販賣的商品，六二．七五％是假貨，馬雲靠販賣假貨致富。但阿里巴巴一方，不僅毫不反省，竟斗膽反嗆國家工商總局「程序失當，情緒執法」。並悍然投訴工商總局網監司司長劉紅亮，指控他「吹黑哨」。

國家工商總局隨後公布「白皮書」，進一步指控阿里巴巴。但就在雙方劍拔弩張、鬧得不可開交之時，事件卻出現戲劇性轉折，國家工商總局局長張茅出面會見阿里巴巴董事局主席馬雲，雙方居然達成和解：「將共同探索管理模式，促進網路經濟健康有序發展。」工商總局與企業，原本是監管與被監管，即貓與鼠的關係，如今，貓與鼠卻友好會見，「共同探索管理模式」，滑天下之大稽。

原來，身爲阿里巴巴股東的「太子黨」們，群起出動，直接向主管工商總局的國務院總理李克強施壓，直到後者服軟。馬雲提前布局的官商勾結，終於在關鍵時刻見效。一度瀕臨危局的阿里巴巴，因紅色權貴的撐腰，度過兇險，轉危爲安。

歐巴馬卸任總統前，二〇一六年十　月，歐巴馬政府再次把阿里巴巴列入銷售假貨與盜版貨的黑名單。這是因爲，無數美國消費者投訴阿里巴巴販賣假貨。這是阿里巴巴第二次登上美國的「惡名市場」榜。上一回是二〇一一年，後因馬雲重金聘請美國人士出面遊說，二〇一二年，阿里巴巴得以暫時從「惡名榜」上除名。兩年後，阿里巴巴在美國股票市場上市。豈料，時隔四年，阿里巴巴再次被列上「惡名榜」。可見，奸商馬雲，惡習不改。

馬雲拜見川普並大言不慚地承諾，要爲美國創造一百萬個工作崗位。馬雲的企圖之一，顯然也是想通過討好川普而尋求阿里巴巴在美國市場的鹹魚翻身。

中國網民有一則揶揄馬雲的段子：

馬雲因淘寶網遭眾多顧客投訴和退款的事而心煩意亂，便去求見一位德高望重的禪師。

禪師沉默不語，意味深長的拿出一個熱水袋，往裡面倒熱水，倒滿之後，輕輕一抖，熱水袋突然就爆開了。

馬雲恍然大悟道：「大師的意思是說，這次的難關會像熱水袋一樣不攻自破？」

禪師搖頭。馬雲又說：「難道大師的意思是說，生命的熱度，就像這只熱水袋一樣，只有瞬間？」

禪師仍搖頭。馬雲急切地問：「大師的意思，究竟是……？」

禪師終於開口，緩緩說道：「我只是要讓你知道，這隻熱水袋，我是在淘寶買的……。」

第九章★
習近平畏懼川普：妥協與讓步

「特朗普休想從『中國肥羊』身上割肉。」——中國《環球時報》

北京吃不準，拉攏與收買，是否對川普有用？有多大用？於是，在重大事務上暗中做出妥協與讓步，成爲北京的選項之一。習近平對付川普的「三板斧」，這是最後一招。

迴避貿易戰，習近平悄悄讓步

川普上任美國總統，以他的特立獨行和雷厲風行，發布一系列命令，推出一系列舉措，兌現他競選時的諾言。諸如：凍結歐巴馬健保法案；凍結聯邦政府招聘計劃；讓美國退出TPP（跨太平洋戰略經濟夥伴關係協議）；啓動在美墨邊界修築圍牆計劃；檢討北美自由貿易協定，準備與加拿大和墨西哥重新談判；下令暫時禁止主要穆斯林國的公民入境；加緊遣返非法移民……。

其中一些舉措，引發激烈爭議和抗議，聲勢震天。對穆斯林入境禁令遭遇聯邦法官挑戰而暫時凍結，反映美國三權分立的憲政體制，即便是總統，權力也受到制衡、制約。這在中國，完全不可想像。

縱觀川普新政，中國問題，似乎還沒有掀起大浪。川普上任之初，中美博弈變得安靜下來。「這裡的黎明靜悄悄。」讓人疑問：幕後發生著什麼？其實，暗中，習近平當局加緊與川普政府拉關係，私下承諾要設法解決川普提出的尖銳問題和重大關切。

競選期間，針對中國極端的貿易保護主義，川普抨擊最多。提到匯率，川普指控：中國操縱匯率。他聲言：上任的第一天，就要宣布中國是「匯率操縱國」。然而，上任之後，川普說：他們當然在操縱匯率，但是否把中國列爲匯率操縱國，我暫時不這麼做。「我們會先與他們談談。」

原來，中國政府在匯率上悄悄調整。外界曾普遍預期人民幣將出現大幅貶值，但實際上，在二〇一七年的頭兩個月，人民幣對美元升值了一・二％，部分逆轉了二〇一六年七％的跌幅。

參議院少數黨領袖、資深民主黨參議員舒默（Charles Schumer）呼籲：「川普總統，如果你眞的要爲美國創造就業，那就宣布中國爲貨幣操縱國；如果你眞的要把美國放在第一位，那就宣布中國爲貨幣操縱國。」對此，川普提名的財政部長史蒂芬・梅努欽（Steven Mnuchin）僅委婉表示：「如果中國再次操縱匯率，在人民幣匯率上採取不公平政策，那麼將建議川普正式將中國列爲匯率操縱國。」歷來對中國貿易持尖銳批評態度的民主黨參議員羅伯特・凱西（Robert Casey）證實：「中國近期在外匯政策上出現了轉變，並未繼續故意讓人民幣貶值。」

競選時，每次談到美中之間巨大的貿易逆差，川普就氣都不打一處來，他多次表示：中國竊取美國的工作機會，中國挪走美國的錢財重建了他們的國家。並用「強姦」一詞來比喻這等行爲：「我們不能繼續讓中國強姦我們的國家，他們現在正在這麼做。」川普多次聲言，上任後，可能對中國商品徵收四十五％的關稅。然而，上任以來，川普還沒有這麼做。

原來，中國暫時收斂了在鋼材和鋁材等產品上對美國的傾銷行爲。同時，中國擴大進口美國商品，從二〇一六年十二月起，美中貿易逆差出現縮小趨勢。同月，即二〇一六年十二月，中國還加購了九十一億美元的美國國債，中斷了連續六個月對美國國債的拋售。這一切，明顯是習近平對川普示軟、示好的表現。

川普上台之後，加強對伊朗和北韓的制裁，一家名叫「新世紀進出口有限公司」的中國公司（位於中國寧波），因爲向伊朗出口違禁設備，被列入制裁名單。一家名叫「中興通訊」的中國公司（中國最大上市電訊公司、排名世界電訊第四），因爲向伊朗和北韓出口違禁貨物，而被罰款十一億九千萬美元。這是有史以來美國限制出口案的最大處罰。對此，中國政府並沒有像過去那樣抱怨、抗議、鬧騰，而是默不作聲。這兩家中國公司乖乖地接受了美國的處罰。由此可見，中共並不是外界所想像的那麼「強大」，關鍵在於，美國政府必須拿出行動的決心。

二〇一七年三月，更多中國公司和企業受到美國制裁，原因是，暗中協助北韓、伊朗和敘利亞發展大規模殺傷性武器，尤其是向這些國家輸入彈道導彈零部件。美國國務院公布這批列入制裁名單的三十個外國公司和個人中，中國公司和個人占了九個：北京中科華正電氣有限公司、大連政華貿易有限公司、寧波新世紀進出口有限公司、深圳亞泰達科技有限公司、中國科技磁石墨製造總公司、天升科技有限公司、傑克・秦（Jack Qin，秦獻華）、傑克・王（Jack Wang，王偉）、卡爾・李（Karl Lee，李方偉）。

南海風波，暫時回落

關於南海爭端，競選時，川普較少提到，但表示，要增加美國的軍艦，從二七四艘增加到三五〇艘。當選後，川普與台灣總統通話，有人批評他事前沒有與北京溝通，他回應時提到南海，反問：「中國在南海修建規模龐大的軍事設施，可曾問過我們？」

美國新任國防部長馬提斯訪問日本期間（二〇一七年二月四日），談到南海，一方面，他批評「中國破壞了該地區國家的信任」；但另一方面，卻強調：「我們必須窮盡一切外交努力，以試圖適當解決這個問題，保持暢通的溝通渠道。」「目前沒有必要採取軍事部署或類似行動，來處理一個最好由外交官解決的問題。」「目前，我們看不到有任何必要採取激烈的軍事行動。」

其實，馬提斯的話，正是暗示，習近平當局從先前氣勢洶洶的南海立場上悄悄回退。中國政府發言人聲明：「堅持與直接有關當事國通過談判和平解決南海有關爭議。」南海爭端，暫時緩和。南海風波，暫時回落。

中國原計劃在靠近菲律賓的黃岩島建設人工島，把黃岩島建設成永久性軍事基地，中國駁船一度向黃岩島運送建築材料（二〇一六年六月）。然而，歐巴馬政府向中國政府發出「不得跨越三條紅線」的警告後，中方有所收斂。而川普上台、以強硬姿態對付中國，習近平當局就完全擱置了這一計劃。

二〇一七年二月十八日，以「卡爾．文森」號（USS Carl Vinson CVN-70）核動力航空母艦率領的美國海軍戰鬥群，浩浩蕩蕩地開進南中國海，並展開巡邏。這是川普上任總統以來，首次在南海展示美軍威力。中國政府的反應非常低調，只說了這兩句：「我們一直反對有關國家打著航行和飛越自由的旗號，威脅和損害沿海國的主權和安全。我們希望有關國家多做有利於維護地區和平與穩定的事。」

中國施壓北韓？演戲還是當真？

競選時，川普多次提到，中國對北韓核威脅負有責任。當選後，還諷刺說：「中國通過完全單向的貿易，從我們這裡奪取了大量金錢和財富，但卻沒有在北韓問題上提供幫助。這太好了！」然而，上任以來，川普還沒有就北韓威脅採取行動。

原來，習近平當局在北韓問題上演戲，力圖給川普製造一個印象：中國正在施壓北韓。川普上任第六天，中國政府突然高調發布公告（二〇一七年一月二十五日）：「禁止向北韓出口本公告所公布的與大規模殺傷性武器及其運載工具相關的兩用物項和技術、常規武器兩用品。」其實，這只是習近平當局一個象徵性的公告，意在向川普示好。

二〇一七年二月十二日，北韓向日本海發射中程導彈，中國官方媒體的語調充滿了暗自欣喜和幸災樂禍的味道。但，只過了一天，二〇一七年二月十三日，受中國保護的金正男，金正恩同父異母的大哥，在馬來西亞遭暗殺，幕後主謀無疑就是金正恩。

在舉世譁然的國際輿論下，顧面子的習近平當局，不得不象徵性地表現出對金正恩的「報復」，宣布暫停進口北韓煤炭。中朝（朝鮮，即北韓）之間的齟齬，習近平有意讓川普看在眼裡。因爲一系列事件在時間上很湊巧，習近平趁機又給川普製造了一個「中國正在北韓問題上發揮作用」的印象。

然而，當川普把解決北韓問題當作美國關係改善的條件之一時，習近平就不得不當眞了，不得不權衡中美關係和中朝關係孰輕孰重。在首場川習會登場前，習近平基本做出了放棄金正恩的打算。

習近平盤算：只要政權安全

總結習近平對付川普的策略，有「三板斧」，包括：示威與恐嚇；拉攏與收買；妥協與讓步。所有這些策略，爲著一個最大的目標服務，那就是鞏固中共政權，保持其一黨專政的存活率。

習近平當局肯定反覆掂量過川普的關切，留意到，川普提到了貿易、匯率、北韓、南海等問題，但未提人權。北京抓住這個最大的利好，大徹大悟：既然如此，何不在其他方面讓步？只要川普政府不觸及北京的「政權安全」和「制度安全」，那麼，其他一切都好商量。

「政權安全」和「制度安全」，是習近平上任以來掛在嘴邊的口頭禪。

就在川普與英國首相德雷莎・梅伊（Theresa May）會見後舉行的記者會上，梅伊說出這句話：「英美干預主權國家並試圖按照自己形象改造世界的日子已經過去了。」顯然，這是贊成脫歐的梅伊和強調美國優先的川普的共同主張。美英兩國首腦的這一取向，讓諸如中共這樣的獨裁政權感到寬心、放心、安心。暫時不會有「和平演變」的外來威脅，可以高枕無憂。

於是，中共當局精算，只要在貿易、匯率、北韓和南海爭端等方面滿足川普政府的要求，北京就可以換回兩項收穫：第一，中共政權的安穩；第二，美國「一個中國」政策的延續。

其實，川普要求中國在貿易上讓步，並非真正意義上的讓步，而是停止——停止對美國利益的損害。比如，停止蓄意製造美中貿易逆差、停止大規模盜竊美國知識產權、停止違反世界貿易組織（WTO）規則等欺詐行爲。美國對北京的期待，只不過就是希望後者改邪歸正、棄惡揚善。

按理說，這樣做並不難。但，正因爲習近平始終把政權安穩擺在首位、中共集團始終把既得利益視作他們的「核心利益」，要他們遵守規則，並不容易。中共會擔心，如果完全遵守國際規則，停止補貼國營企業，失去巨額的中美貿易順差（對美國而言，即美中貿易逆差），就可能失去中國經濟增長的來源，而經濟增長，早已成爲中共政權「合法性」的唯一支柱。

由中共權貴控制的國營企業，則是中共的經濟命脈，事關其龐大的維穩經費和軍事開支。把所有這些變數加在一起，中南海會繼續盤算，它是否存在失去政權的風險？尤其在當前中國經濟加速下滑的大趨勢下。由此可以預料，中共的讓步，相對有限，並非誠意的體現，而是有算計的策略性後退。

一邊大聲叫罵，一邊暗中妥協

妥協與讓步，中共暗中行動起來，只做不說。如前所述，這其實不算什麼妥協和讓步，北京本來就是這些問題的始作俑者。比如，北韓核彈，本身就是中國製造（或中國協助製造），北京有義務去拆彈；南海問題，原本就是中共挑起，北京有責任去降溫；操縱匯率和美中貿易逆差，中共更是原創者。一再破壞國際規則的中共，本身需要深刻反省、洗心革面。

弔詭的是，同一時期，中國官方媒體上，依然充滿了對川普的強硬言論，尤其是最官方的《環球時報》，幾乎每天發文抨擊和嘲諷川普。標題諸如：

「特朗普休想從『中國肥羊』身上割肉」

「不抱各種幻想，準備與特朗普掰手腕」

「中國對美要以硬碰硬，以好迎好」

「特朗普請聽清：『一個中國』不能買賣」

「中國的軍費和戰略核力量都還不夠」

然而，這一切，只不過是中國政府的表面文章，演戲給中國老百姓看。中共用這套嘴上硬、腳下軟的功夫，明修棧道，暗度陳倉，瞞天過海。習近平政權的私下用功、暗中溝通，妥協與讓步，終於換得川普暫時回歸「一個中國」政策。

「肥羊」，好一個名詞！世人應該問：紅色中國這頭肥羊從何而來？是誰餵肥了中共？抄襲、盜版、剽竊、操縱匯率、低價傾銷、人爲製造貿易順差……，所有這些，都是中共轉移他國財富自肥的絕技。「他們（中共）拿美國的錢重建了（共產）中國！」川普的表述，獨到而準確。

第十章★

川習會，美軍轟炸敘利亞，砲聲中的晚宴

「確保習主席不失面子，是中國的第一優先。」——隨行中國官員

在中方的一再要求之下，川普就任總統兩個半月後，首場美中首腦峰會匆匆登場。時間：二〇一七年四月六日和七日。地點：美國佛羅里達州海湖莊園（Mar-a-Lago），川普的私人莊園之一。

莊園會有來頭，事關天安門事件

之所以沿襲美中首腦莊園會談模式，是爲了避開美中雙方在外交禮儀上的爭執。一九八九年天安門事件之後，美國政府不情願給予中國領導人希望得到的「正式訪問」或「國事訪問」待遇。這種正式待遇，美國政府通常只給於盟邦、友邦、民主國家。於是，圍繞中國領導人訪美規格，成了一個糾纏不休的話題，雙方常常爭執不下。

美國總統通常不會在他的第一任期內把中國領導人請到華盛頓或白宮。那樣做，會在美國國內冒不小的政治風險。第二任期內稍微變通一些。柯林頓總統第二任期內，曾經給予時任中國國家主席江澤民正式訪問的待遇（一九九七年），作爲見面禮，江澤民帶給美國數百億美元巨額訂單，並承諾釋放當時中國的頭號政治犯魏京生（訪問結束後釋放）。

小布希總統第二任期內，曾經讓時任中國國家主席胡錦濤訪問華盛頓、進入白宮會談（二〇〇六年），中方對國內宣稱是「國事訪問」、「正式訪問」，但美方堅稱只是「工作訪問」。胡錦濤照例帶去數百億美元的巨額訂單。

歐巴馬總統第二任期內，曾經讓中國國家主席習近平訪問華盛頓、進入白宮會談（二〇一五年），情況類似，美方稱爲「工作訪問」，中方稱爲「國事訪問」、「正式訪問」，各說各話。那一回，美方只同意習近平在華盛頓停留一天，其他日程，三天在西雅圖，與商界見面；三天在紐約，出席聯合國活動。習近平照例帶去數百億美元的巨額訂單。

爲了避免糾纏，小布希總統時代，開創了美中首腦的莊園會談模式。那是二〇〇二年，小布希在位於德州的克勞福德農場（Crawford Ranch）接待了時任中國國家主席江澤民。二〇一三年，時任美國總統歐巴馬在加州的陽光山莊（Sunnylands Estate）接待了中國國家主席習近平。二〇一七年，川普總統依葫蘆畫瓢，在位於佛羅里達州的海湖莊園（Mar-a-Lago）接待習近平。

莊園會的形式，讓美中雙方都有台階下，不會讓美方勉強爲難，也讓中方有面子，美其名曰「建立兩國元首的私人關係」。

海湖莊園，曾經是川普總統與日本首相安倍晉三一邊打高爾夫球一邊會談的地方（二〇一七年二月十一日、十二日）。然而，習近平卻沒有得到安倍在華盛頓和白宮享有的正式禮遇，更無法享受到如安倍那般，搭乘美國總統專機「空軍一號」、與川普一同飛往佛羅里達州的殊榮。

出於對國內的宣傳需要，保全面子，習近平故意安排先訪問芬蘭，然後，以「繞道回國」的藉口，「順道」前往美國佛羅里達州與川普會面。二〇一三年，習近平也是先訪問了墨西哥等中南美洲三國之後，以「繞道回國」的藉口，「順道」前往美國加州與歐巴馬總統會面。

川普談笑風生，習近平拘謹木訥

縱觀這次會談，總體氣氛不錯，雙方都表現友善，笑容可掬。區別在於，川普談笑風生，習近平卻拘謹木訥。尤其晚宴上，本應該是氣氛輕鬆的場合，川普談笑自若，習近平雖始終面帶微笑，卻幾乎沒有說話。很顯然，習內心緊張，難以放鬆。

從中可以看出美中政治文化的落差。川普生長於一個言論自由和鼓勵表達的大環境，從小長大就沒有經歷過言論自律，也無須畏懼權勢。習近平生長的大環境卻截然相反，長輩的嚴厲管束，殘酷的政治鬥爭，言語之間，動輒得咎，訓練出自律本能。社會風氣，乃是見風使舵、趨炎附勢，無形間，讓許多人養成欺軟怕硬、恃強凌弱的陋習。習近平也不例外。面對弱勢，盛氣凌人；面對強權，心生畏懼。

習近平當政後，這些特質就反映在外交上。對周邊小國，無所顧忌，大展淫威；對北極熊俄羅斯，絕不敢招惹；對世界首強美國，雖在國內大搞反美宣傳（出於意識形態和政權的自保），但在外交關係上，卻視爲重中之重，無論如何，一定要搞好中美關係，避免直接衝突。雖處處敵意，卻並不弄假成眞，總是在千鈞一髮之際，踩住剎車。

在國內場合，大小會議上，習近平可以侃侃而談，教訓官僚，教導百姓，居高臨下，誨人不倦。早年當村支書（共產黨在農村的支部書記）的時候，就練就了這身本領，話匣子一打開，就能滔滔不絕。但一到國際場合，尤其到了先進而強大的美國，習近平就彷彿換了一個人，拘謹，木訥，表情僵硬。正式會談時，只能拿出稿子，照本宣科。其前任胡錦濤，也呈類似表現。不得不說，他們都是中國專制政治和畸形文化的犧牲品。於是，大可以理解，面對強勢的川普，習近平緊張得幾乎說不出話來。

會談有成果，習近平放棄金正恩

頭一天，在會談還沒有開始的晚宴上，川普開玩笑說：「我們已經討論了很長一段時間，但到目前爲止，我什麼也沒有得到，完全沒有。」全場大笑。川普的玩笑話，一語雙關，一方面，自川普上任以來，美中溝通渠道一直存在，中方做了讓步的承諾，才換來川習會登場；另一方面，這是川普在正式會談前的要價，潛台詞就是：該是中方落實承諾的時候了。

第二天，會談結束。川普對媒體表示：「會談取得了眞正進展，重大的進展。」這證實，習近平和中方做出了實質性的妥協與讓步。川普沒有說明細節，顯然是中方要求美方不說明細節，出於保全習近平的面子。川普話中有話，解析出來，就是：「美方壓力生效，中方做出了重大讓步。」

就在這次川習會前夕，一名隨行中國官員就曾直截了當地說：「確保習主席不失面子，是中國的第一優先。」這與川普的「美國優先」形成對照：習近平要面子，川普要裡子；習近平要虛榮，川普要成果；習近平爲自己，川普爲國家。能否穩定中美關係，事關習近平在中共黨內的地位穩固程度，以及十九大權力重組的成敗。

隨後記者會並說明川習會的是美國國務卿、財政部長和商務部長，從他們的身分和言論，就可以證實，習近平的讓步，落實在兩個方面：美中貿易和北韓核威脅。

關於美中貿易，川普要求短期內解決，於是，雙方推出一個百日談判計劃，主要目標，就是如何緩解美中巨大貿易逆差。

關於北韓，川習會結束兩週後，由「卡爾．文森」號（USS Carl Vinson CVN-70）航空母艦所率領的戰鬥群，駛近朝鮮半島，聲稱要防範正在升高的北韓威脅。實際上，美軍隨時可能展開軍事行動，實施斬首行動（指向金正恩）和定點清除（指向北韓核設施）。這表明，習近平決意放棄金正恩，認可川普對金正恩的處置。

晚宴間，川普談笑用兵，威震四國

川習會中，一個最大的看點，是美國轟炸敘利亞。就發生在川普招待習近平的晚宴期間。川普中途離席，少頃返回。入座後，他告知習近平，他剛剛下令轟炸敘利亞，並解釋了這樣做的理由：敘利亞總統阿薩德用化學武器攻擊平民，造成大量死亡，包括兒童。習近平回答：感謝川普總統知會，理解這次行動，因爲有人屠殺孩子，（美國的武力）回應是必要的。

當時，川普下令後，停泊在地中海的兩艘美軍戰艦波特號（USS Porter）和羅斯號（USS

Ross），向敘利亞發射五十九枚戰斧式巡航導彈（Tomahawk），摧毀了敘利亞政府軍部分目標，包括軍用機場和存放化學武器的庫房等。前後四分鐘，就發生在川普與習近平對談的同時：二〇一七年四月六日，美國東部時間晚上八時四十分左右。

習近平的回答，似乎超出外界的預期，有人以爲，美軍轟炸敘利亞，「爲川習會蒙上陰影」；「會讓習近平難堪」、「會讓習近平憤怒」。其實，這類解讀，乃是對中國政治和習近平缺乏眞正了解。把中美關係視爲「重中之重」的中共當局，不會爲敘利亞這樣遙遠的中東小國分心；習近平並非外界所想像的那般強硬，尤其面對美國和川普時。

在敘利亞問題上，俄羅斯支持阿薩德政權，美國則要求阿薩德下台。早先，中國的立場，與俄羅斯一致，而與美國相反。這一回，美軍轟炸敘利亞，打擊阿薩德政府，中國立場卻含蓄認同美國，而與俄羅斯相悖。這彷彿是一個戲劇性的轉變。其實，正好印證，中俄關係的虛假和中美關係的眞實。

川普當選前後，曾有意改善美俄關係，甚至於有聯俄抗中的戰略構想，但受阻於美國國內的各種反對力量和聲音。川習會提前登場，意外地，卻讓美中關係的改善趕在了美俄關係的改善之前。川普下令轟炸敘利亞，習近平理解，普丁抗議，三大國演義，呈現戲劇性的起伏。

其實，川普轟炸敘利亞，一箭數雕，威震四國：敘利亞——須知川普不同於歐巴馬，你阿薩德膽敢使用化學武器，就是跨越紅線，必然付出代價；北韓——川普說幹就幹，既然可以轟炸敘利亞，也可以轟炸北韓，看你金正恩玩火到哪天！中國——北韓問題，你幫忙最好，如果不幫忙，美國可以單獨動手，川普說得到也做得到。俄羅斯——不能任由你俄羅斯轟炸敘利亞自由派抵抗軍，美國也可以轟炸敘利亞政府軍，看誰能削弱誰！

首場川習會，台灣「安啦」！

面對首場川習會，台灣方面，總是有人擔心：川普會不會出賣台灣？拿台灣當籌碼，從中國收穫後就把台灣視爲作廢的棋子而放棄？蔡英文政府高度緊張，擔心川習會中，會出現有關台灣議題的表述。台灣外交部特成立內部專門小組，展開跨部會聯繫。

然而，二十四小時的川習會，沒有顯示台灣議題，或者說，台灣議題沒有成爲聚焦，這讓台灣鬆了一口氣。其實，就台灣議題，川普該表達的都已經表達了，先是質疑「一個中國」

政策，當成與習近平談判的籌碼之一；後來又重申美國的「一個中國」政策，基於習近平暗中的妥協與讓步。其實，台灣不必低估美國對台灣的情誼和道義承擔。美方事前就對台方承諾，川習會前後，美國政府都會向台灣政府通報、說明。觀首場川習會，台灣「安啦」！

唯一須注意的是，鑑於習近平與川普在北韓問題上達成共識、展開合作，以及習近平對川普下令轟炸敘利亞的理解，川普開始稱讚習近平：「他是一個好人。」在執政滿百日的時候，川普總結自己的政績，把他「與習近平建立起良好的私人關係」列爲自己的百日政績之一。這顯示，川普對習近平的態度，從選前到當政百日後，幾乎有了一百八十度的大轉彎。習近平以大妥協、大退讓的軟身段，換得川普在美台關係和美俄關係上的暫時卻步。

第十一章★

金正恩毒殺金正男，習近平忍氣吞聲

「金正男被殺，北韓肥胖人口劇減五十%！」——中國網民

北韓金氏王朝第三代長子金正男遇刺身亡。時間：二〇一七年二月十三日。地點：馬來西亞吉隆坡第二國際機場。死因：遭兇手以沾有VX神經毒劑的濕巾覆面，感劇毒致死。該毒劑被聯合國確認爲大規模殺傷性武器。幕後元兇：金正男同父異母的弟弟、現任北韓統治者金正恩。

中國保護金正男，習近平鬥不過金正恩

近二十年間，金正男一直受中國政府保護，長期居住於澳門或者北京，中國政府爲金正男安排了多名貼身保鏢。金正男曾先後在澳門和北京遭遇的暗殺行動中倖存。二〇一一年，金正男在澳門遭北韓特工襲擊，其保鏢與這些特工爆發槍戰，金正男亂中逃生。二〇一二年，金正男再次在北京遭遇暗殺陰謀，中國政府逮捕了幾名參與暗殺行動的北韓特工，隨後卻把他們遣返北韓。

然而，金正男卻未能逃脫金正恩下達的絕殺令——「必須達成的指示」，最終在馬來西亞死於非命。作爲金正男的保護者，中國政府的角色值得拷問。這裡有三種可能：

可能性之一，中國政府保護金正男不力，導致金正男被殺。如此，則證明這個大國政府的無能。在與金正恩的明爭暗鬥中，習近平屢戰屢敗。二〇一三年，暗通中國的親中派、金正恩的姑父張成澤被金正恩殺死。如今，受中國政府長期保護的金正男又慘遭毒殺。讓中國政府、中國情報部門和安全部門顏面盡失。

可能性之二，中共內部出了問題，比如，其國安系統的一部分，因不滿習近平的整肅，

有人故意向金正恩當局洩露情報，導致金正男行蹤曝光而被殺。早幾年，就有內部消息：政治局常委周永康訪問平壤期間（二〇一〇年十月），向金正日和金正恩父子洩露中國政府扶持張成澤的秘密計劃，讓金氏父子有所警覺。金正恩繼位後，伺機以突襲手段，逮捕並殺死張成澤，斷送了張成澤想成為北韓「鄧小平」的迷夢。周永康退休後，遭習近平逮捕下獄。在周永康被起訴的三項罪名中，有一項是「故意洩露國家秘密罪」，據信，這指的就是周永康向金氏父子洩密的情節。

如果金正恩被殺仍是中共內部人士洩密的結果，則表明，中共內部因激烈的權力鬥爭陷入分裂和混亂。在殘酷的派系傾軋中，任何一派都沒有安全感，都可能遭到對方算計。金正男或不幸淪為中共派系鬥爭的犧牲品。

可能性之三，出於對付美國的政治需要，習近平急欲改善與金正恩政權的冷淡關係，在金正恩的要挾下，習近平放棄了對金正男的保護，導致金正男被殺。如此，習近平就未免太愚蠢。因為，作為一個大國領導人，怎能輕易放棄手中如此重要的一張牌？作為金氏王朝第三代長子，在北韓未來的變局中，金正男肯定能夠發揮不可替代的重要作用。中國只須耐心等待，假以時日。

討好金正恩，習近平出賣了金正男？

二〇一六年，中國政府把中國網民贈給金正恩的標準綽號「金三胖」正式列爲網路上的禁搜詞，不讓互聯網顯示，明顯是對金正恩的取悅與討好。

金正男遇刺後，有消息稱，金正男身邊原本有三名保鏢，兩名中國保鏢和一名韓國保鏢。但事發前，兩名中國保鏢突然離開金正男，提前返回中國。這個未經證實的消息，留下的只是謎團之一。

其實，各種可能性混合呈現。如果把發生在二〇一七年二月十二日、十三日、十六日三天的事情連接起來，就更有名堂。

二月十二日，北韓向日本海方向發射中程導彈「北極星－2」號。

二月十三日，金正恩的特工暗殺了金正男。

二月十六日，金正恩主持隆重紀念其父親金正日的誕辰。

對平壤的金正恩來說，完成前兩件大事，可視作是對其父親的獻禮。對北京的習近平來說，無意或有意地，爲金正恩政權充當了一個陪襯的角色。

當二月十二日北韓發射中程導彈後，中共官方媒體的報導和語調，充滿了暗自欣喜和幸災樂禍的味道。《環球時報》的標題是：「金正恩坐鎭『新戰略武器』試射，北韓：我們成功了！」「北韓再發導彈，它在等特朗普接招。」但川普的低調反應，卻讓中共失望，北京的多維網發表評論，題爲「北韓引蛇出洞，特朗普無動於衷」。文中感嘆：「特朗普政府一副輕描淡寫、事不關己的迴避姿態相當反常，與歐巴馬時期形成了鮮明的對比。」

只過了一天，二月十三日，受中國保護的金正男，在馬來西亞遭暗殺，消息震撼全球。事後，中國主要官方媒體如新華社和《人民日報》等只刊登了寥寥數語的報導：「據韓聯社消息，韓國政府消息人士十四日表示，北韓最高領導人金正恩的長兄金正男（四十六歲）十三日上午在馬來西亞遇害。」中國網民卻議論紛紛，有人諷刺道：「這是我看到的最短新聞。」「新聞越短，事情越嚴重。」「新聞好短，信息量好大！」

還有網民戲道：「金正男被殺，北韓肥胖人口劇減五十％！」因爲，北韓全國人民都很窮、很瘦，只有兩個胖子，金正恩和金正男，金三胖和金大胖。

另有中國網民套用中共針對台灣的「一個中國」原則（堅持「一個中國」的立場，反對「兩個中國」，反對「一中一台」或「一台一中」，勉強接受「一個中國，各自表述」、所謂「一中各表」……）總結出：

金正恩之所以要暗殺金正男，那是因爲，北韓政府堅持「一個胖子」的立場，反對「兩個胖子」，反對「一胖一肥」或「一肥一胖」，也不接受「一個胖子，各自表述」、所謂「一胖各表」……

意思是，在北韓這樣的國家，一個胖子容不下另一個胖子，故而一個胖子登基，另一個胖子就必須去死。

中國官媒詭異，為金正恩辯護

針對中國主要官媒迴避報導金正男遇刺案，屬於中共強硬派喉舌的《環球時報》表達了不滿：「在金正男案受到全球關注的局面下，作爲中國政府喉舌的相關媒體卻聽任海外媒體對事件大肆報導，這是在應該引導正確思路上的不作爲，對中國的國家利益有害無益。」《環球時報》的這一說法，相當於對習近平當局的大膽指責。再次洩露，中共高層分歧深重，《環球時報》至今效忠習近平的對立派系。

隨後幾天，當世界輿論都把懷疑的矛頭指向金正恩的時候，以多維網爲代表的若干中國媒體卻發出相反的調子，聲稱：暗殺行動不一定是金正恩所爲；金正男對金正恩已經不構成威脅，金正恩沒有必要殺死金正男。種種奇談怪論，匪夷所思，而且連篇累牘。標題諸如：

「金正恩爲什麼要暗殺金正男？」（多維網，二〇一七年二月十四日）

「究竟是誰殺死了金正男？」（多維網，二〇一七年二月十五日）

「金正男猝死引海量猜測芻議」（《環球時報》，二〇一七年二月十五日）

「從韓媒主導金正男被害案的輿論說起」（《環球時報》，二〇一七年二月十七日，但隨後撤稿。）

一些中共御用學者則出面說：「金正男被暗殺是誰幹的還無定論，金正男是『中國一張牌』的描述太離奇，這根本就不符合現代中國外交的原則和邏輯。」這些文章或評論，不僅爲金正恩開脫，而且製造另類「陰謀論」，煞有介事地推測、分析說，韓國、日本、美國才有暗殺金正男的動機。試圖轉移焦點。

中國政府故意不讓居住在北京和澳門的金正男家屬前往馬來西亞，這一做法，不僅非人道，而且是有意配合金正恩政權，妄圖讓馬來西亞政府無法取得金正男的DNA對比驗證，從而無法得出遭暗殺者就是金正男的法定結論。

後來，還是日本和韓國政府分別提供了金正男的指紋紀錄，才得以讓馬來西亞正式確認受害者就是金正男。金正男曾用假名混入到日本迪士尼遊玩（二〇〇一年），身分遭暴露後被日本驅逐出境，由此留下指紋紀錄。

中國官媒爲金正恩辯護的用意之一，是爲了掩惡、遮醜、轉移視線。掩蓋金正恩殘暴的弑兄罪惡，遮掩中國當局保護金正男卻敗給金正恩的尷尬醜聞，轉移中國民眾視線，不惜栽贓他國，讓中國人情緒對外。

三天後，竭力淡化和迴避金正男被殺案的中國主要官媒如新華社、《人民日報》等，卻對平壤紀念金正日誕辰做正面和詳細報導，題爲「北韓民眾瞻仰領導人銅像紀念金正日誕辰」。

五天後，二〇一七年二月十八日，習近平當局似乎才有了另一層「醒悟」，忽然授意商務部宣布：暫停從北韓進口煤炭，直到年底。名義上，中國政府借用「執行聯合國對北韓的制裁決議」，讓一些不明內因的外國媒體（如《紐約時報》）誤以爲，這是中國對北韓發射中程導彈的回應。其實，北京的這一舉措，完全是針對金正恩暗殺金正男的「報復」。

但僅僅是象徵性的「報復」。因爲，中國政府宣布暫停進口北韓煤炭之前，暗中與平壤當局進行了溝通和協商，還支付了違約金。中國商務部的宣布只是表面文章。可見，北京此舉，乃是形勢所逼，出於不得已，只是要照顧國際觀感——金正恩殺死了金正男，中國政府不得不有所表示，回應世界輿論，並力圖在國際上挽回自己的顏面。

過去許多年，聯合國通過一系列制裁北韓的決議，但中國政府陽奉陰違，幾乎從未遵守，一直保持中朝貿易的暢通。就在二〇一六年，北韓兩次進行核試爆，遭遇聯合國更嚴厲的經濟制裁，但中朝貿易，不僅沒有減少，反而增加。

北韓辱罵中國，中共不敢還擊

煤炭出口，是北韓的主要外匯來源，占北韓出口貿易的四十％，而且，幾乎所有煤炭都出口到中國。習近平暫停進口北韓煤炭，儘管只是象徵性舉動，但還是刺激了北韓，讓金正恩跳腳。

北韓官方媒體突然用激烈言辭抨擊中國，把中國政府描繪爲「卑鄙」、「低級」、「肆無忌憚」。朝中社發表的評論文章，標題是「卑鄙的做法、低級的演算法」（二〇一七年二月二十三日）。

文章閉口不提金正男被刺殺以及中國政府的報復動機。只推說：北韓試射「北極星—2」型導彈取得完全成功，「這一大快人心的壯舉霎時轟動了全世界」，但「惟有口口聲聲標榜『友好鄰邦』的周邊國家卻說這不過是初級階段的核技術、刻意貶低北韓此次發射的意義」。

文章接著說：「肆無忌憚地採取非人道措施全面斷絕了涉及改善民生的對外貿易」，這「實際上同敵對勢力要搞垮北韓制度的陰謀大同小異」。中國「以大國自居」，卻沒有政治主見，「對美國隨波逐流」。文章還說：北韓煤炭出口，「不過是小小資金的來源。如果以爲這樣做，就會使北韓無法發展核武器和洲際彈道火箭，簡直幼稚可笑！」

中國官媒常常辱罵美國、日本及西方國家，言辭激烈，並不亞於北韓的官媒。然而，面對北韓官媒的辱罵，中國官媒卻不敢還擊。《環球時報》曾發表了一篇語氣較爲強硬的評論，題爲「堅決執行安理會決議，莫睬朝中社評論」。文中說：「讓平壤的官方媒體鬧一鬧，或者說『讓子彈飛一會兒』，這對中國來說無大礙。我們還是應當採取這樣的態度：歡迎北韓更理性地看待中國對安理會決議的嚴格執行，也歡迎它隨時恢復對中朝關係的建設性姿態。」但，《環球時報》這篇評論，很快遭撤稿，從網上消失，必是來自習近平陣營的直接壓力。

之後，北韓媒體對中國的威脅和辱罵繼續升級。二〇一七年四月二十一日，朝中社不點名批評中國「對美國隨波逐流」、「要對與北韓關係惡化的毀滅性後果做好思想準備」。二〇一七年五月三日，朝中社首次點名批評中國，警告：「動搖中朝關係基礎的魯莽行動將導致嚴重後果，中國對此要深思熟慮。」

金正恩羞辱中國，習近平忍氣吞聲

二〇一七年五月中旬，中國政府在北京舉行「一帶一路」高峰會，中方邀請北韓代表團出席，讓外界感到驚訝，美國政府為此向中國政府表達了不滿。然而，就在「一帶一路」高峰會開幕的當天，習近平發表演講前，北韓發射了一枚射程遠達七百公里的導彈。中國網民諷刺性地比喻：金正恩此舉，是給中國的「一帶一路」高峰會「放了一個大炮仗」。習近平隨後發表演講時，表情沉重而複雜。

而就在第二天，「一帶一路」高峰會閉幕時，習近平再度發表演講前，北韓駐中國大使池在龍（Ji Jae Ryong）突然舉行臨時記者會，宣稱：「根據我們最高領導人的決定，我們會在任何時候、任何地點進行洲際導彈試驗。」北韓的這兩個舉動，被視為對中國的公然挑戰和羞辱。而邀請北韓出席「一帶一路」高峰會的中國政府，被中國網民譏諷為「自取其辱」。

也是在二〇一七年五月間，一場網路攻擊襲擊了全球眾多國家，其中，中國成為重災區，許多大學、大型企業和地方政府的電腦陷於癱瘓。證據顯示，是北韓駭客盜用了美國安全局的軟體，發動了這場名叫「想哭」的全球網路攻擊。平壤的意圖很明顯，報復中國，並挑撥離間美中關係。網路攻擊，是另一種形式的戰爭，北韓攻打中國，但中國政府卻保持了屈辱的沉默。

大中國進貢小北韓，歷史重演

很明顯，習近平畏懼金正恩，中國害怕北韓。畏懼和害怕什麼？這要從中國的歷史談起。中國教科書上，常誇耀「漢唐盛世」，然而，被稱為「盛世」的漢朝中國和唐朝中國，都曾受制於周邊強悍小國。漢朝受制於北方小國匈奴，長期向匈奴進貢；唐朝受制於西邊小國吐蕃（如今的西藏），長期向吐蕃進貢。

非但如此，漢朝和唐朝都分別奉行和親政策，把公主或宮女奉送給強悍小國的國王，成為對方的妻子或小妾，以結親的方式，籠絡這些強悍小國。漢朝時，有「昭君出塞」的故事；唐朝時，有文成公主遠嫁吐蕃國王的故事。

原來，漢朝和唐朝雖然繁榮，卻打不過北方或西邊的強悍小國。匈奴和吐蕃，都是游牧民族，它們的軍隊，以騎兵為主，能騎善射，能征慣戰，作戰異常兇猛。漢高祖劉邦曾遭匈奴軍隊圍困，差點喪命，被迫大量行賄，才換取匈奴撤軍。此後，漢朝長期向匈奴進貢，以保邊境平安。吐蕃軍隊曾三次逼近唐朝首都長安，唐朝政府被迫簽訂城下之盟，換取吐蕃撤軍。此後，唐朝也長期向吐蕃進貢，以保邊境平安。

後來，中國的另外兩個朝代，由於未能處理好與周邊強悍小國的關係，而遭致亡國。那便是，人口超過一億的宋朝，遭人口不足百萬的蒙古滅亡；人口超過一億的明朝，遭人口不足百萬的滿清滅亡。

小北韓有能力毀滅大中國，中南海噩夢

回到今天的現實，中國巨大，人口十三億，號稱新的「盛世」：世界第二大經濟體、新興超級大國、核大國。北韓雖小，人口二千一百萬，但北韓已經擁有核武器，並擁有一百一十萬軍隊，軍隊人數僅次於中國和美國的軍隊。如果北韓對中國發動先發制人的核攻擊，中國未必反應得過來。一旦中國領導層遭北韓突襲「斬首」，核按鈕失去控制，中國也未必有核反擊的時間和能力。

中國對北韓對所謂「經濟援助」，實質上，就是進貢。類似於漢朝對匈奴、唐朝對吐蕃的進貢。中國雖暫停了北韓的煤炭進口，但中國並不敢輕易停止中朝貿易，朝鮮對外貿易的九成依賴於中朝貿易；也不敢輕易停止對朝鮮的石油供應，朝鮮所需石油的九十％或一百％依賴於中國的供應。

北韓官媒警告中國可能面對「毀滅性後果」，暗示的就是，北韓可能對中國實施先發制人的核攻擊。如今，中共最害怕的是，曾經因中國暗助而發展起來的北韓核武器，有朝一日，不會像中共希望的那樣朝著美國飛，反倒是朝著中國飛。如果沒有辦法解決金正恩及其核威脅，中國只有持續向北韓進貢。

第十二章★中南海煽動反韓風潮，中國人忙於恨

「我每天的時間是這麼安排的：早上恨美國，中午恨韓國，晚上恨日本……。總之，黨喊我恨誰，我就恨誰！」——中國網民

北韓連發導彈，美韓提前部署薩德

二〇一七年三月六日，北韓再次發射導彈，這次連發四枚導彈，射程達一千公里，高度達二六〇公里。其中三枚落入日本專屬經濟海域。

當天，美國立即在韓國境內開始部署薩德（THAAD）反導彈系統，將原計劃提前了幾個月。儘管部署薩德遭到習近平當局的激烈反對，正煽動國內民眾大肆反韓國，抵制韓國商品，衝擊韓國樂天集團。後者為韓國政府提供了薩德用地。

北韓再次發射導彈，韓國立即部署薩德，因果關係分明，恰當地詮釋了多年來朝鮮半島的發展態勢：北韓不斷試射核彈和導彈，是攻擊性的，韓國部署薩德，是防禦性的；北韓挑釁在先，韓國防護在後；北韓尋釁滋事是原因，韓國正當自衛是結果。

然而，中國政府輕輕放過北韓，卻嚴詞譴責韓國，似乎，對中國而言，北韓的核彈和導彈倒不是威脅，韓國的薩德反導彈防禦系統才是威脅。本末倒置，是非顛倒，反而洩露北京與平壤之間充滿詭異色彩的共謀嫌疑。

這一回，北韓發射導彈的基地，位於中朝邊境，與中國的丹東市不足五十公里，令人懷疑：究竟是北韓自主研製並發射了射程達一千公里的導彈？還是中國暗助、甚至代替北韓發射了這批導彈？北韓才發射過其新型中程導彈，射程五百公里，僅僅過了不到一個月，導彈射程就達到一千公里，可謂進展「神速」！

考慮到中共暗助北韓發展核武器（二〇一六年底曝光中國國營企業鴻祥公司長期暗助北

韓核計劃醜聞，僅僅是骯髒交易之一），中共暗助、甚至代替北韓發射導彈的可能性，絕非不可思議。

只是，北韓的再次蠢動，立即成全了韓國，仿如南北韓「配合默契」。而中共的算盤，以為不斷支持和慫恿北韓蠢動，就能夠阻嚇韓國，動搖其部署薩德的決心，但效果適得其反。原因不僅在於韓國的忍無可忍，更在於美國已經不再是歐巴馬時代，可以隱忍不發、息事寧人，美國已經進入川普時代，展現決心和意志的時代。

反韓風潮又起，中國人恨得忙不過來

中國政府再次開動其無處不在的宣傳工具，高分貝煽動反韓，在中國掀起新一波反韓風潮。中國各地出現抵制韓貨、砸韓國車的亂象，再現前幾年抵制日貨、砸日本車的情景。

就像對付台灣的手段一樣，中國反薩德，居然還拿韓星、韓流當出氣筒，把政治與文化、軍事與藝術混為一談。殊不知，韓國是一個民主國家，本國也存在反薩德的不同聲音，那些遭中國封殺的韓星，要麼根本不懂什麼是薩德，要麼還可能是反薩德的。中國不分青紅皂白地封殺他們，人為製造敵人和敵意，非理性，而且不智。

在極權國家，許多人誤以為，國家、政府、人民都是同一個概念，是一個整體，因而，政府一發聲，就上下合力，「同仇敵愾」，指誰打誰。在民主國家，政府是政府，人民是人民，媒體是媒體，各自都有各自獨立的身分和思維。觀念的不同，決定行為的差異。像中國人那種沒完沒了地抵制外國、外國商品和外國人的狂熱，在民主國家，就很少發生。

狂熱的反韓風潮，在中國鬧騰了好一陣，直到韓國決定將中國的野蠻行為訴諸世界貿易組織（WTO），中國政府才不得不給反韓風潮降溫。原來，根據WTO的規則，一國政府有責任保護他國在該國的投資和企業安全，否則，由此造成的損失，由該國政府負責。一想到要為韓國公司如樂天集團的損失埋單，中南海當權者心下就害怕了。這個從不疼惜他國財產損失的腐敗政權，卻向來疼惜他們自己的財產損失。因為，整個中國及其資產，並非中國國民的公產，而是共產黨獨裁集團的私產。

中國先後打壓台灣、日本和韓國，均採用經貿限制手段，給後者製造經濟損失。台灣遭打壓後，轉向東南亞，謂之「新南向政策」；日本遭打壓後，也轉向東南亞；無獨有偶，韓國遭打壓後，韓國國內也醞釀轉向東南亞和日本的新路子。對東南亞諸國而言，仿如飛來之福；對中國而言，則是「傷敵一萬，自損八千」，啞巴吃黃蓮，有苦難言。

頭腦清醒的中國網民，傳播段子，予以諷刺。諸如：

我每天的時間是這麼安排的：早上恨美國，中午恨韓國，晚上恨日本。畢竟人的時間是有限的，只能抽空恨下新加坡、越南、法國、香港和台灣了。前段時間喊我恨菲律賓，還沒準備好，就喊可以不恨了。還有藏獨，疆獨，準備加夜班恨了。總之，黨喊我恨誰，我就恨誰，一定響應黨的號召！我大中華就他媽的沒個朋友！

看大家都在抵制韓國，我翻遍家裡也沒找到有啥韓貨可砸的，最後下樓把樓下姓韓的鄰居打了一頓。因爲他不但姓韓，名字更讓我惱火，名叫韓國勝！

昨天姓韓的修車老頭，去派出所改名字了。他說，自從中韓關係緊張，就經常莫名其妙的挨揍，快受不了啦。民警拿過他的身分證一看，說：我要不是穿著這身制服，也得揍你，你叫什麼不好？偏要叫韓國勝！

北京懼怕，薩德也可監測瞄準台灣的導彈

在北京看來，韓國薩德是對中國安全的威脅。理由是，美國部署在韓國的薩德反導彈系統，具有監測功能，不僅能夠監測北韓境內的導彈部署與運行，而且能夠監測中國境內從東北、華北到東南地區的導彈部署和運行。其中，就包括解放軍瞄準台灣的千枚導彈。到時可能成爲射不出膛的啞炮、或一射出就遭擊落的廢炮。

然而，美韓部署作爲導彈防禦系統的薩德，符合春秋戰國時代思想家墨子的「非攻」哲學。這種導彈防禦系統的部署，對中國也有好處，那就是，只要中國不進攻他國，中國就不會受害；若中國進攻他國，就會受到遏制。如此，可以確保中國成爲一個和平國家，有利於中國的國計民生。另外，如果有那麼一天，北韓或俄羅斯對中國有不利舉動，比如導彈威脅或核彈進攻，美國肯定也會知會中國，讓中國可以戒備和防守。所以，美韓部署薩德導彈防禦系統，實際上有利於整個東北亞的和平與穩定。

事實是，北韓核武器，才是對中國安全的最大威脅，而且是帶出薩德的原因。北韓的核武器是進攻性的，進攻範圍覆蓋中國；韓國的薩德是防禦性的，防禦北韓，只不過，防禦範

圍也覆蓋部分中國地區。哪一個更有害？一目了然。北京的調子，輕輕放過北韓而重重責備韓國，顯出輕重倒置、本末倒置的詭異。

前幾年，韓國曾與中國套近，關係密切。不僅經貿關係熱絡，簽訂兩國自由貿易協定；而且政治關係升溫，因二戰歷史而共同敵視日本。二〇一五年，習近平舉行「九三大閱兵」，時任韓國總統朴槿惠破例出席，登上天安門城樓，為中國背書。中韓兩國甚至建立起首腦熱線電話，承諾在緊急時起用通話，共同應對危機。

首爾希望通過北京的壓力，約束平壤的妄動。但北京卻暗中抗拒聯合國對北韓的經濟制裁，繼續源源不斷向北韓輸出物質、資源和金錢。當平壤再次違規進行核試爆時，朴槿惠連忙打通韓中首腦熱線，但習近平竟然拒聽。朴槿惠和韓國政府如夢初醒，這才認識到：「這是一個靠不住的大國！一個不負責任的大國！」首爾轉向，重新強化美韓聯盟，薩德的部署就是結果之一。首爾也謀求改善韓日關係，加固美日韓區域同盟。

討好中國，菲律賓總統或步韓國總統後塵

討好中國，對北京抱幻想，奉行綏靖政策，韓國總統朴槿惠的前車之覆，會不會成為菲律賓總統的後車之鑑？

二〇一六年，杜特蒂（中國翻譯為杜特爾特）當選菲律賓總統後，立即擺出一副親中反美的姿態。杜特蒂先後辱罵美國駐菲律賓大使格德柏格（Philip Goldberg）是「同性戀」、「偽娘」；辱罵美國總統歐巴馬是「婊子養的」、「妓女的兒子」。但杜特蒂對給菲律賓構成直接威脅的中共領導人卻絕無口出髒字，只有諂媚之詞，稱習近平是「偉大的主席」。

杜特蒂之所以有這兩幅臉孔，一方面，或許出自他骨子裡的反美情緒；另一方面，他也很清楚，美國是民主國家，他可以大聲罵美國領導人而不會招致報復；但中國是獨裁國家，他絕對不敢罵中國領導人，因為那肯定招致報復，比如招致中共更多的侵略和進逼。

杜特蒂笑臉對北京，向中國遞出在南海主權爭端上和解的橄欖枝。圍繞黃岩島，中菲兩方都沒有在主權問題上讓步，中國同意菲律賓漁民重返黃岩島海域捕魚，是對杜特蒂遠美國親中國的回報。

杜特蒂的笑臉，對北京而言，既是機會，也是燙手山芋。機會在於，菲律賓願意與中國直接談判，並排斥美國，也沒有東盟國家的集體參與，這符合北京的一貫主張和期望：一對一談判，北京可以強勢主導。從這一點而言，北京似乎取得了某種勝利。

但另一方面，中國原本打算在黃岩島填海造地，鞏固它奪取的果實，藉以建立西沙、南沙、中沙的大三角戰略支點，構成控制整個南海的戰略框架，但面對杜特蒂突然展示的笑臉和突然伸出的橄欖枝，北京不免感到爲難，相關計劃延後。

當中國最後表明仍然要在黃岩島填海造地、打造軍事基地的時候，杜特蒂居然表示「無法阻止」、自己「不想當炮灰」。這個以強人姿態面對國人的菲律賓總統，在北京的淫威面前，卻表現得像一個渾身戰慄的儒夫、膽小鬼、賣國賊。

杜特蒂打擊毒販，以違法犯罪手段對付違法犯罪，並藉機以違法犯罪手段打擊政敵，超出了一個民主國家的底線。菲律賓素來有民變的傳統，多任前總統遭民變推翻。如果杜特蒂倒行逆施而不思回頭，在民粹主義的支持熱度減退之後，也可能面臨遭民變推翻的風險。

菲律賓總統杜特蒂對北京抱以幻想，猶如當初韓國總統朴槿惠對北京抱以幻想一樣，都是一廂情願，韓國總統最終感覺受騙上當，這位菲律賓總統也必然步其後塵。杜特蒂的反常表現，給南海局勢增添了變數。

二〇一七年四月，就在習近平前往美國、準備參加首場川習會前夕，菲律賓總統杜特蒂突然下令菲律賓軍隊占領南海剩餘島礁。杜特蒂之所以這麼做，一是要穩住軍心，二是要回應反對黨的壓力，避免軍隊政變或國會彈劾，軍隊和反對派已經對杜特蒂的「賣國言論」極度不滿。杜特蒂選準川習會前夕發聲，料定中國無法發作，而美國更關注南海爭端。杜特蒂如何繼續對北京打醉拳，外界可拭目以待。

文在寅當選韓國總統，金正恩或逃過一劫

二〇一七年五月九日，左派人物文在寅當選韓國總統。此人聲稱，要繼承前總統金大中和盧武鉉的「陽光政策」。所謂「陽光政策」，指的是韓國對北韓的友善政策、示好政策。主要有兩條：經濟援助與和平對話。由一九九八年出任總統的金大中提出，並由二〇〇三年接任總統的盧武鉉繼承。其間，韓國給予北韓大量經濟援助，並在北韓境內、靠近南北韓非軍事區一帶建立開城工業園區，完全由韓國出資、僱用數萬北韓人，主要爲北韓創收。

然而，當時由金正日當政的平壤政權，並未被首爾的善意所打動，反而利用韓國的大量援助，以及中國的持續「進貢」，秘密加快發展核計劃。結果，恰恰就是在這個所謂「陽光政策」的高峰時期，一聲巨響，震驚世界，北韓成功實施了首次核試爆（二〇〇六年）。這一事件，標誌著韓國「陽光政策」的可恥失敗。

文在寅試圖重啓「陽光政策」，面對比金正日更兇殘狡詐的金正恩，可以預見，首爾必遭平壤瘋狂訛詐，不僅會付出巨大經濟代價，而且將在實質上助長金正恩的核野心，一發而不可收。

父母曾爲朝鮮南逃難民，文在寅出生在韓國。支撐他與北韓和解幻想的，不僅有他的家庭背景，而且有一個私人願望：「如果半島統一，我要做的第一件事就是拉著母親的手，去她的故鄉看看。」這一心結，寫照了文在寅的天眞。文在寅及其母親，有可能去他母親的故鄉看看，但不會是在統一後的半島，只可能是在對金正恩大量進貢之後，換得的一次北上之旅。就像金大中和盧武鉉兩任左派總統一樣，北上訪問北韓，自以爲是和平之旅，留給外界的印象，卻脫不了對平壤金氏獨裁政權「朝貢」的印記。

其實，在這個世界上，多少美好夢想都因獨裁者的橫阻而夢碎、夢斷。南北朝鮮民眾統一的願望、親情團聚的夢想，因爲平壤金氏政權的極端自私和無情而夢碎、夢斷。離開朝鮮半島，再遠一些，西藏人民盼望達賴喇嘛重返家園、實現西藏高度自治的夢想；台灣人民獨立建國、融入國際社會的夢想；香港人民擁抱民主、渴望眞普選的夢想；以及中國人民期盼六四平反、國家邁向民主化的夢想。都因爲北京獨裁者對權力的痴迷、對既得利益的死守、對金錢的貪婪而夢碎、夢斷。

幻想者文在寅，將引領未來幾年的韓國，還沒有出發，就已經孕育新的失敗。無獨有偶，同一時期，自稱「毛主義者」的馬克宏，也當選爲法國總統。從韓國到法國的左派政治人物（馬克宏自稱中間派，實爲左派），先後當選。這些出自民主國家的左派人物，對極權國家的民眾苦難毫無體會，更無切膚之痛。他們自以爲是的「多元化」觀點，就是對極權統治者的包容，而無視該國人民所遭受的壓迫和苦難。

有人以爲，文在寅親中，故而有利中韓關係發展。其實，前任韓國總統朴槿惠在上任之初的幾年裡，也親中，遭中國背信後，轉而強化美韓同盟，決意引薩德入境，既防範平壤，也防範北京。

有人以爲，中共很在意美國在韓國部署的薩德反導系統，故而歡迎文在寅當選，可以拆除薩德。其實，對習近平當局而言，根本問題已經不在薩德，而在金正恩。解決了朝鮮的金正恩和核威脅，韓國的薩德也將迎刃而解，因爲失去了存在的理由。

有人以爲，中國政府「希望和平解決朝核問題」，對主張與平壤對話的文在寅當選感到如釋重負，其實未必。中國領導人習近平剛剛與美國總統川普達成歷史性共識，有意合作，徹底解除北韓核威脅。儘管中共媒體還在高唱和平調子，但筆者一再分析指出：那是假的，是唱給朝鮮金正恩和中國毛左派的催眠曲，意在施放煙幕彈，轉移視線，讓金正恩和毛左派只恨美國、不恨習近平。其實，暗地裡，習近平當局盼望美國動武、一舉清除朝鮮核設施、斬首金正恩，這個願望之強，並不亞於美國、日本和其他任何一方。

文在寅的當選，反而給習近平出了難題。文在寅自己想對北韓推行「陽光政策」，卻呼籲中國加強對朝鮮的制裁，等於讓習近平唱黑臉、做惡人，自己唱白臉、當好人。而朝鮮核問題的無限拖延，甚至變相升級，不僅給韓國、也會給中國帶來更大危害，並使這一危害固化、永久化。對中國而言，如芒刺在背。

其實，當選韓國總統的文在寅，來得很不是時候，極可能讓美中兩國徹底解決朝核問題的共識泡湯、讓美國的軍事計劃擱淺，更可能讓金正恩逃過一劫，並起死回生。

美國前總統小布希曾警告金大中和盧武鉉，批評其「陽光政策」，認定那將「爲朝鮮成爲一個雖小卻重要的核武國家鋪平道路」，小布希預言成眞。歷史的弔詭可能就在這裡：韓國總統文在寅，可能成爲朝鮮暴君金正恩的「大恩人」，重演農夫與蛇、東郭先生與狼的荒誕輪迴悲劇。

第十三章★若能斬首金正恩，川普將名垂青史

「美國對北韓的戰略忍耐政策已經結束。」——雷克斯·提勒森，美國國務卿

制約金正恩，美方嚴厲施壓習近平

二〇一七年三月，忽然傳出習近平將與川普提前會面的消息。時間：二〇一七年四月；地點：川普位於佛羅里達州的海湖莊園。同年二月間，日本首相安倍晉三曾在那裡與川普會談，並打了七小時高爾夫球。

但，川普不會給予習近平同樣的待遇，不會有高爾夫球，而且不會像隆重歡迎安倍那樣，在首都華盛頓給予習近平正式禮遇，換言之，不會有紅地毯、二十一響禮炮和國宴。這是美國區別對待民主國家和獨裁國家、區別對待盟邦和對手（潛在敵或敵國）的慣例。

自一九八九年天安門鎮壓事件後，中國領導人就很難得到美國的國事訪問或正式訪問的待遇。少數幾次，雖然也曾到訪華盛頓和白宮，享受過紅地毯、禮炮和國宴的待遇（江澤民、胡錦濤和習近平各有一次），但都是在中方對美方費力地討價還價、並放下大額採購訂單之後。即便如此，美方也只稱之爲「工作訪問」，中方則自稱爲「國事訪問」或「正式訪問」，以便在國內宣傳，打造一個「美國重視中美關係」、「中美關係平穩」的印象，製造錯覺，繼續矇蔽中國老百姓。

二〇一七年三月，美國新任國務卿雷克斯・提勒森對東亞三國進行了旋風式訪問。在最後一站北京，他的任務有兩項：就北韓問題向中國領導人施壓，探討中美元首會面的實質內容。對外發布的提勒森與習近平握手的照片，顯示雙方神情輕鬆。一週前在北京「兩會」上還一直繃著面孔的習近平，居然也笑得出來。

中國官方媒體的表述，洋溢著樂觀情緒，認爲提勒森態度「溫和」，美方重視中美大國關係，呼應了中方「不衝突、不對抗、相互尊重、合作共贏」的說法。為中美兩國元首會晤鋪路。美國國務院發言人隨後強調美方遵守「我們的『一個中國』政策」，也讓中方贏得面子。對中國老百姓，中共的宣傳調子是，中共又贏得了一場「外交勝利」，「美國向中國服軟」。

美國媒體的表述，則覆蓋兩個方面：在公開場合，提勒森對中國領導人態度友善、語調禮貌，給足他們面子；但在私下場合，提勒森則嚴厲地施壓中國領導人，要求他們約束北韓的妄動，尤其要管制中國企業，不得與北韓繼續進行非法貿易，切實遵守聯合國決議。

肥肥的金正恩，背起了瘦瘦的科學家

在鄰國北韓，旁觀這場中美高層互動的金正恩，並沒有缺席，他不僅是中美會談的要角，而且，他直接捲了進來。就在提勒森訪問北京的當天，北韓宣布成功試驗了一種新型高推動力的導彈發動機，據稱，這種發動機能夠發射洲際導彈。

平壤發布罕見照片：金正恩興奮地把一位身著軍裝、據稱是負責新型發動機研製的軍事科學家背起來，肥胖的金正恩笑開了懷。當然，人們無法預測這位瘦弱的軍事科學家的未來命運，難保有那麼一天，也會落得個被金正恩處死的下場。

金正恩的舉動，顯然是攪局，向美中兩國示威：哪怕你們兩個大國合作對付我，我也能打敗你們，甚至毀滅你們！

肥肥的金正恩與瘦瘦的科學家，讓筆者聯想到一則中國網民的段子：

金正恩守在臨終的父親金正日床前，說：「您老讓我吃多點吃胖點，把我吃得太胖了，人家中國人都叫我『金三胖』，多難聽啊！」金正日說：「兒子，你不懂，我讓你吃多吃胖，吃得最胖，我自有考慮，如果下次北韓發生大饑荒，你活下去的概率就比別人高很多啊！」金正恩：「嗯，原來如此。」金正日喘口氣，接著說：「哪怕兩千一百萬北韓人都餓死了，只要你還活著，我就放心了，這是爲父我最大的心願啊！」

外界關注，關起門來之後，提勒森與習近平究竟談了什麼？川普政府越來越傾向於軍事解決北韓核威脅。出於挽救中美關係的考慮，習近平或許最後會默認這種做法，即中共與美國合作，先使用經濟和外交手段，如果在短時期內還不能解決問題，就同意美國斬首金正恩。中共喉舌《環球時報》的社評印證了中方對美方的妥協，標題是「和平解決朝核的時間或許所剩無多」，文中警告平壤：「如果朝鮮就這樣不斷往前拱，戰爭爆發是早晚的事。」暗示，習近平已經準備拋棄金正恩。

儘管，中共對北韓金氏王朝呵護有加，慣於同平壤上演雙簧戲，各唱紅臉黑臉，叫板美國、韓國、日本和整個文明世界，但金正恩上台以來，針對北京的敵對舉動，也是一個接一個，先是殺死了中共精心扶持的親中派人物、金正恩的姑父張成澤，後來又毒殺了長期受中共保護的金氏王朝第三代長子、金正恩的大哥金正男。這一切，足以讓習近平尷尬、難堪、顏面盡失，其內心的惱火可想而知。

為挽救中美關係，習近平可能犧牲金正恩

習近平可能默認川普斬首金正恩，但肯定會討價還價，比如，要向美方換取至少三項回

報：美方保證，不用美俄關係來壓倒美中關係，這是北京最擔心的；美方承諾，在台灣議題上，繼續奉行「一個中國」政策，這是北京頗爲擔心的；美方同意，斬首金正恩之後，與中方合作建立北韓新政權，確保中共政權不受影響，這是北京必然關切的。

但願川普是非常之人，成非常之事

提勒森此行，打破常規，同機只帶了一名記者，而把大部分主流媒體記者排除在外。此舉受到美國新聞界的強烈批評。分析箇中原由，除了川普政府與媒體的關係緊張，互不信任，還可做另一層解讀：川普政府基於保密的需要，因提勒森此行，要與日韓中三國商談斬首金正恩的軍機大事。當然，對比之下，與盟國韓國、日本商談，和與對手中國商談，其範圍和程度，肯定有所不同。

對美國而言，在過去二十年，所有對付北韓的軟硬手段都已經用盡，談經濟援助，耗費十三億五千萬美元；談外交努力，推動聯合國譴責和制裁北韓的決議已經無數，委託北京主導的「六方會談」也以破裂告終；談武力警告，幾乎每年都上演美韓聯合軍事演習。但外界看到的是，金氏政權軟硬不吃，在核試爆、核訛詐、核威脅的道路上越走越遠。

事到如今，對美、韓、日等國而言，斬首行動和定點清除，幾乎成爲唯一選項。當此之際，端視川普總統的決斷力。如果能夠下定決心、周密策劃、果斷出擊，揮刀斬首金正恩，定點清除北韓核基地，川普總統將立下蓋世之功，惠澤萬民，名垂青史。並由此獲得崇高的國際威望，選舉前後的所有爭議都將煙消雲散。

風險固然存在，或策劃不周，或行動失手，或留下後患。但不行動的風險更大於行動的風險。金正恩拉響核爆炸的後果不堪設想，到那時，一切都將爲時已晚。

斬首行動，美國可以祭出的手段和工具很多：出動無人機，如逐一擊殺中東恐怖頭目；出動特種部隊，如格殺恐怖大亨賓拉登；空降美韓聯軍，閃電突襲金正恩巢穴和核基地；網路大戰，癱瘓金正恩的指揮系統、甚至切斷金正恩的通訊聯絡……。

當然，對金正恩的斬首行動仍可能受阻。習近平和中共的合作誠意如何？普丁和俄羅斯是否因爲改善俄美關係無望而反向地插一腳？都是不能忽視的變數。更大的阻力，來自於美國國內，那些標榜「政治正確」的左派和奉行綏靖政策的政客，以及對川普抱定敵意的主流媒體，都可能從中作梗。

川普當政，受到國內反對派、主流媒體、乃至司法界的牽制；而一黨專政的中共，就完全不受這類牽制，在實施國際戰略方面，某種程度上，這成爲專制政權的長項，卻成爲民主政府的弱項。

但，越是阻力重重，越是需要行動的意志力。突破重圍，排除萬難，斬首金正恩，「於百萬軍中，取上將之首，如探囊取物。」但願唐納·川普是非常之人，以非常之舉，成非常之事，破非常之局。

第十四章★

川普時代，日本角色吃重

「我不排除採取任何手段的可能性，我們將考慮多個選項，當然，它們將符合國際法和我國憲法。」——稻田朋美，日本防衛大臣

川普當選總統，先會安倍首相

同世界許多領袖一樣，日本首相安倍晉三同樣錯估了美國選情。就在距離美國大選投票前兩個月的時候，安倍到紐約出席聯合國大會，只與民主黨總統候選人柯林頓舉行了會談，

卻沒有與共和黨候選人川普接觸。那時候，安倍幾乎百分之百地相信，柯林頓會當選。安倍厚此薄彼，最後押錯寶，受到日本媒體的批評。

就在擔任歐巴馬政府國務卿的那些年裡，柯林頓親自提出了美國「重返亞洲、圍堵中國」的戰略，並力主提升美日安保條約。多次聲明，美日安保條約覆蓋尖閣諸島（釣魚臺列嶼）。柯林頓的立場，鼓舞了日本，並極大地幫助了安倍，使安倍得以在日本國內最終通過「集體安保法案」，並達成「美日安保條約」升級版。或許因此，安倍對柯林頓的友誼，有著一種「日本式」的忠誠。

至二〇一六年十一月八日，川普意外當選美國總統，成爲當年全球新聞的最大驚奇。安倍的驚訝和錯愕，可想而知。然而，安倍很快適應變局，調整自己的姿態。幾天後，派出首相助理河井克行前往美國，與川普重要幕僚邁克爾．弗林（Michael T. Flynn）會見。弗林後來短暫出任白宮國家安全顧問。

之後，就是安倍本人趕到紐約與川普會見，會見在位於紐約第五大道的川普大廈（Trump Tower）舉行。川普當選之後，就在這裡會見外賓，面試內閣人選。川普一家住在閣樓，辦公室則設在二十六層。川普當選總統之後，這棟大廈及其周邊，保安級別驟然提升，周圍店家有喜有憂。喜的是，川普當選，川普大廈人流大增，可能帶動周邊生意興隆；憂的是，車流擁堵，可能給顧客帶來交通上的不便。

電視鏡頭顯示，該大廈的大堂，每天都是一片繁忙景象。總有一位儀態萬方的金髮美女，在電梯口迎候貴賓，並帶領貴賓乘坐電梯上達二十六層。作爲川普當選後會見的首位外國領導人，安倍晉三及其一行人，也是由這位金髮美女引領上樓。

當安倍以滿面笑容與川普熱情握手時，川普報以同樣的笑容和熱情。這顯示，川普與安倍一樣，都是能伸能屈的現實主義者。這成爲他們一見面就能找到的共同語言，會見並不尷尬。川普和安倍，都是久經沙場的老手。

會見時，川普的女兒伊凡卡和女婿庫許納在場，引發媒體議論和猜測。其實，這種家族性質，正顯示出美日盟邦的親近。而庫許納的出場，還預示了他後來的從政意義。隨後，川普任命這位乘龍快婿爲白宮高級顧問，有意栽培他爲川普家族未來的政治明星。時年三十五歲的庫許納，有朝一日，或許可以成爲川普家族的又一位總統候選人。

安倍在秘魯出席APEC首腦峰會後，趕到紐約會見川普。兩人的會見持續了九十分鐘，報導稱「氣氛友好而熱烈」，但並非沒有分歧。安倍與川普的首次會見，肯定談到了雙方的安全合作，並達成共識。也肯定談到了ＴＰＰ，但雙方顯然存在歧見，因爲，川普已經下定決心，讓美國退出ＴＰＰ，沒有任何人可以說動他。

面對ＴＰＰ，安倍與川普思維大不同

二〇一七年一月二十日，就在川普上任前夕，日本政府內閣會議批准ＴＰＰ，成爲十二個簽署國中首個完成ＴＰＰ國內批准程序的國家。然而，川普一上任，第一個工作日就簽署行政命令：美國退出ＴＰＰ。這一反差，表明安倍與川普對ＴＰＰ的理解和感受，是多麼不同！

安倍將ＴＰＰ視爲其經濟增長戰略的一大支柱。安倍政府預估，ＴＰＰ生效後，能使日本國內生產總值增加約一一九〇億美元，並將創造七十九萬五千個工作崗位。但川普認定，ＴＰＰ將給美國製造業帶來負面衝擊。川普認爲，當前的自由貿易，有利於跨國公司——他們沒有國家利益觀念，哪裡勞動力便宜，就投資哪裡；哪裡有市場，就銷往哪裡。卻不利於美國產業——美國會失去更多就業崗位，更多美國工人會失業，更多美國工廠會遭到外國產品的低價傾銷而倒閉。

安倍的思維是，藉助TPP可以反擊或排除不遵守貿易規則的中國。川普的思維是，不再依賴因中國破壞而失效的國際貿易規則。

川普的貿易思路是：第一步，暫停達成新的自由貿易協定；第二步，重新審視和談判現有的貿易協定，諸如美國、加拿大、墨西哥的自由貿易協定（NFATA）；第三步，展開國與國之間的雙邊貿易談判，達成確保美國利益的雙邊貿易協定。

安倍最後不得不表示：「沒有美國的參與，TPP將毫無意義。」安倍此言一出，TPP會不會因此畫下句號？如今，美國已經離開，簽約的亞太十一國將自行考慮TPP的存廢和去留。

中國副總理訪美，候任總統拒見

就在川普會見安倍三天後，二〇一六年十一月二十一日，中國副總理汪洋訪問美國，到華盛頓出席「第二十七屆美中商貿聯委會」。據筆者了解，中國政府通過私下活動，與川普陣營溝通，試圖讓美國候任總統川普會見汪洋，或者，至少讓川普陣營的重量級人物會見汪洋，但均遭到川普陣營拒絕。

汪洋在華盛頓逗留三天，並沒有見到任何川普團隊的人物。汪洋在公開場合留下這麼一句話：「對川普當選後的中美經貿關係樂觀看待。」這顯然是盲目樂觀。其實，這也只是汪洋的一句官樣套話。

汪洋這次訪美，可以說很低調。這與他在中共黨內的地位下降有關。平心而論，汪洋是當前中國政府裡最有才幹的少數幾個人之一，而且具有改革派色彩。然而，他受到習近平的妒忌和防範。因爲，汪洋屬於共青團派。習近平爲了獨攬大權，在打擊和重創了江澤民派系之後，又把鬥爭矛頭對準了胡錦濤留下的共青團派。按照資歷和年齡，時年六十二歲的汪洋，最有資格升爲「十九大」的政治局常委。但在習近平的攔截之下，汪洋恐怕難以如願。

二〇一三年，汪洋率團到美國出席「美中戰略與經濟對話」時，曾把美中關係比喻爲「婚姻」，原本是他的玩笑話，卻被中共黨內的強硬派扣上「親美」的帽子。

二〇一四年，汪洋到美國出席「第二十五屆美中商貿聯委會」，發表言論：「中美是全球經濟的夥伴，但引領世界的是美國。美國已經主導了體系和規則，中國願意加入這個體系，也尊重這個規則。」「中國沒有想法、也沒有能力挑戰美國地位。」汪洋的這番話，被中共黨內的強硬派批評為「對美國示弱」。汪洋再次遭受打擊。從此變得謹言慎行，再三低調。

川普欣然會見安倍，而婉拒汪洋，顯示在川普眼裡，日本與中國，親疏有別。誰是盟友，誰是對手，川普心中有數。

處理美日中關係，川普有外交平衡術

川普上任美國總統後，英國首相德蕾莎．梅伊成為第一位正式訪美的外國領導人，日本首相安倍晉三則成為第二位正式訪美的外國領導人。川普對東西方兩大盟友的禮遇，顯示一如共和黨和民主黨的建制派，川普重視傳統盟邦，這將是他外交政策的基石。

這是安倍第二度到美國與川普會談，日美關係的重要性不言而喻。但，就在安倍啓程前往美國的當天，二〇一七年二月九日，川普與習近平通電話，談到美中關係的改善。川普選擇這個時間點，應是施展一種外交平衡術，在高規格接待日本首相、強化美日同盟關係的同時，給中國領導人一定的安撫。

在此之前，二〇一七年二月四日，美國新任國防部長馬提斯訪問日本，對日本承諾，美日安保條約，覆蓋釣魚島。這是對歐巴馬政府立場的重申。但同一天，川普政府的首任國家安全顧問邁克爾·弗林與中國國務委員楊潔篪通電話，楊強調中美「廣泛的共同利益和巨大的合作潛力」，弗林認同「發展強而有力的美中關係，適當控制敏感議題」，也是一種外交平衡術，展現川普政府對中國政府一定的安撫。

就像鞏固與日本、韓國的同盟，可以進一步威懾中國一樣，川普與安倍談判時，把中國因素拉進來，可以為川普帶來更多談判的籌碼。這正是川普的精明之處。

但，無論是派遣國防部長訪問日本、韓國，還是川普接待日本首相到訪，與跟中國領導人通電話相比，還是顯出親疏有別、敵友分明。與日本的交往是領導人互訪，與中國的交往，只是領導人通電話。前者是訪問，後者是通話，規格的高低，一目了然。這種做法，也可以說是川普給習近平的另一種下馬威。

安倍訪美期間，受到川普非同尋常的禮遇，二人同機搭乘美國總統專機「空軍一號」，飛到佛羅里達州。先在位於棕櫚灘北部的川普國家高爾夫球場打了九洞，中午休息後，兩人又轉戰西棕櫚灘的川普國際高爾夫球場，再打了九洞。前後共計七小時。一邊打高爾夫球，一邊商談國家和國際大事。與川普和安倍同行的，還有南非著名高爾夫運動員厄尼．艾爾斯（Ernie Els）。

金正恩狂射導彈，成全日本自我武裝

就在川普與安倍打高爾夫球盡興的七個小時裡，北韓向日本海發射了代號「北極星－2」的中程導彈。中國官方媒體在報導和評論此事時，流露出喜不自禁和幸災樂禍的情緒。反而暴露：北韓試射導彈，極可能是在中國的慫恿之下。金正恩的目的，是試探川普政府的反應；習近平的目的，是衝擊美日首腦會談，有意給安倍訪美之旅蒙上一層陰影。

正在佛羅里達州會談的安倍和川普，聯合召開了緊急記者會。安倍對北韓的蠢動表達了譴責和抗議，川普則說，美國將百分之百地支持日本。安倍的反應在意料之中，但川普的反應，卻令朝中兩個政府都大感失望。北韓導彈未能起到刺激的美國的作用，足以讓金正恩失落，不知道川普心裡究竟想的是什麼；川普的無動於衷，足以讓習近平焦慮，在川普面前，中國的北韓牌似乎不靈了。

川普的反應，更驗證他競選時的思路：有意讓日本在亞洲扮演更重要的角色，應對中國和北韓的威脅。對日本而言，角色吃重；對中國而言，如芒刺在背。

幾個星期後，北韓再次發射中程導彈，其中三枚導彈落入日本經濟專屬區（二〇一七年三月六日），北韓宣稱其目標是美國駐日美軍基地。日本政府做出強烈反應，除了譴責和抗議，也開始尋求對北韓導彈基地採取先發制人的打擊手段，同時考慮升級日本的導彈防禦系統，不排除引進美國薩德反導彈系統（THAAD）的可能性。

對此，日本防衛大臣稻田朋美說：「我不排除採取任何手段的可能性，我們將考慮多個選項，當然它們將符合國際法和我國憲法。」從某種意義上而言，金正恩連續發射導彈，成全了日本繼續提升自我武裝。

日本陸海空自衛隊聯合模擬推演，固定爲每兩年一次。所謂模擬推演，也被稱作桌面演練，或紙上推演，並不實際調動部隊。二〇一五年十二月，日本自衛隊曾發布西南諸島空戰模擬演習視頻。二〇一七年一月，日本再次舉行模擬推演，爲期五天，約八千七百人參加。據透露，這一回，日本陸海空自衛隊舉行的是聯合模擬推演，爲台海發生戰爭做準備。

中國政府對此十分惱火，嚴詞抨擊日本。近年，日本還在西南方向多次舉行奪島演習，設想萬一尖閣諸島被中國攻占，日本如何奪回。如今，直接推演台海有事，預示日本有意協防台灣，其戰略意圖更進一步。

二〇一七年三月，接連傳出消息：有「準航空母艦」或「直升機航空母艦」之稱的日本新型護衛艦「出雲號」，定於二〇一七年五月啓航，前往南海和印度洋，參加多場軍演，並停靠菲律賓、印度尼西亞、斯里蘭卡等多國港口。「出雲號」爲期三個月的航行，主要展現與美國軍艦共同巡航南海的開始，體現川普政府希望日本在亞洲承擔更大安全責任的期待，也符合安倍政府努力讓日本重返國際舞台的理想。

中國外交部發言人對此回應說：「一點都不擔心。」「如果只是正常地訪問幾個國家，正常地途經南海，我們沒有異議。但如果去南海是另有企圖，那就另當別論了。」這一回答，意思是，中國的「遼寧號」等軍艦足夠對付日本的「出雲號」。但另一層意思卻是，日本與美國一道巡航南海，中國已經無可奈何，只得默認。

稍後，另一艘被稱爲「出雲號」姐妹艦的「加賀號」，也是日本迄今最大型的「準航空母艦」或「直升機航空母艦」，建造完畢、正式下水服役，將部署在西南群島，應對中國潛艇的進出。

如果美國退出亞洲，中國高興得起來嗎？

競選期間，川普曾表示，與日本、韓國及其他亞太和歐洲國家的防務合作，美國不能無條件，這些國家要麼向美國支付成本，要麼自保，不要再指望美國。比如，由日本和韓國自己去對付中國。乍聽之下，這對中國很有利，只要美國不再參與亞洲事務，中國就可以在亞洲為所欲為。

但情況並非那麼簡單，而且，可能恰恰相反。如果美國放棄在亞洲的維安角色，亞洲各國出於自保，軍備競賽將急劇升溫。日本的前民主黨黨魁小澤一郎就曾經說過，日本可以在一夜之間製造出千枚核彈。如果沒有美國的保護，而只有中國的進逼，日本將有充分的理由，重新自我武裝，一躍而為亞洲新的軍事強權。

至於韓國，大可以效仿北韓，發展核武器，以核對核，以核制核。如此，朝鮮半島的南北雙方，都將成為擁核國家。而中國周邊，已經有四個擁核國家（俄羅斯、印度、巴基斯坦、北韓），再來兩個（韓國和日本），只會進一步惡化中國本身的安全態勢。

至於南海，就算美軍退出，不再巡航南海；就算菲律賓變調，與中國套近，默認中國對黃岩島及其他菲律賓附近海島礁的占領，但，南海的紛爭並不會因此結束。諸如越南、馬來西亞、新加坡等東盟國家，必然與日本、印度、澳大利亞等國聯手，形成地區聯盟，抗衡中國。無論中國的軍力有多麼強大，面對周邊互相支持、互爲犄角的亞太國家，這個紅色龐然大物，仍然難以施展拳腳。

一旦美國退出亞洲，俄羅斯將在一定程度上塡補美國留下的戰略眞空。那時候，中國和俄國將互爲最大的潛在敵。依據國際地緣政治裡的強弱順序組合邏輯，將來，俄羅斯與日本聯手對付中國的可能性，遠遠大於俄羅斯與中國聯手對付日本的可能性。

俄羅斯與印度、越南有著傳統的盟邦關係，號稱俄、印、越「鐵三角」。一旦美國淡化自己在亞洲的角色，俄羅斯在亞洲的角色必然突出。俄、印、越鐵三角關係，將重新突顯。在南海爭端上，俄羅斯和印度都可能成爲越南和其他東盟國家的有力後盾。

若美俄關係改善，將帶動日俄關係改善

回顧上世紀二戰期間，日本和蘇聯之間有日蘇中立條約，意思是互不開戰，只是到了後

期，眼看美國擊敗日本已成定局，蘇聯才倉促於戰爭結束前的最後一個星期，突然加入打擊日本的戰爭，這一舉動，也是在美國的一再要求和敦促之下。當時，蘇聯角色是被動的，目的是投機的。

近幾年的日俄關係，十分微妙。一方面，日本屬於七大工業國的西方陣營。俄羅斯入侵烏克蘭，呑併克里米亞，招致美國和歐洲的經濟制裁，作爲七大工業國之一的日本，不得不加入。然而，相對而言，日本對俄羅斯的制裁，顯得很不情願、很勉強，始終對俄羅斯留了一手。敵視西方的俄羅斯，也對日本留了一手。在相對冷卻的俄羅斯與西方關係中，日俄關係，顯得並不是那麼冷淡，反而比較熱絡。日俄首腦會晤的頻率，不低於比任何其他國家之間的首腦會晤。

二〇一七年四月，就在中國主席習近平與美國總統川普約定會面的同月，日本首相安倍與俄國總統普丁也約定會面。這無疑是東西方大國間意味深長而引人遐思的另類平衡外交。

川普當政期間，美俄關係，有可能取得歷史性的改善。隨著美俄關係的改善，日俄關係的改善便有了更大的推動力，這就好像一九七二年，當美中關係改善時，日中關係也隨之改善，而當時，日本走得更快一步與中國建交，走在了美國前面。

美國或許不再堅持因俄羅斯吞併克里米亞而施予俄羅斯的制裁。俄羅斯投桃報李，必然在國際事務中更多地配合美國。歷史的邏輯是，在美中俄三角關係中，如果美中關係拉近，則對俄國不利；如果美俄關係拉近，則對中國不利。換言之，北京將無奈地吞下美俄關係改善所帶來的苦果。

表面上叫板美國的中共當局，其實心下很清楚美國在亞洲扮演的眞正角色，乃是維持亞太地區的和平與穩定。美國是衝突各方的隔離牆，假如美國撤離，亞洲很容易陷入衝突和戰亂，而中國未必能成爲衝突和戰亂的贏家。這就可以解釋，爲什麼中共的《環球時報》借外媒之口，出現了這樣的標題：「美國爲何不再繼續在南海自由航行？令人費解和不安。」（二〇一六年九月三十日）

第十五章★中國領導世界？除非太陽從西邊升起

「我的工作不是代表世界，我的工作是代表美利堅合眾國。」

——唐納．川普，美國總統

達沃斯論壇，習近平唱獨角戲

川普上任前夕，二〇一七年一月中旬，中國國家主席習近平取代總理李克強，首次出席了在瑞士召開的達沃斯世界經濟論壇（Davos World Economic Forum）。有人說，習近平亮相達沃斯，展現「全球化的捍衛者」姿態，實際上，在貿易上不守規則和胡作非爲的中共，恰恰是全球化的破壞者。

習近平在這次論壇上演講，聲稱：「搞保護主義如同把自己關入黑屋子，看似躲過了風吹雨打，但也隔絕了陽光和空氣。」「打貿易戰的結果只能是兩敗俱傷。」有人解讀，習近平的說法，是對美國的敲打。其實，習近平的這番話，更像是在描述中國自己，說給他自己和他的同僚聽。因爲，沒有哪個國家比中國的孤立主義和貿易保護主義來得更極端和更根深蒂固了。

有人解讀，習近平在達沃斯論壇上發出了「中國要擔當世界領導者角色」的信號。隨後，一位中國低級別官員、外交部國際經濟司司長張軍把話說得更直接、更明白：「中國無意尋求全球領導地位，如果有人說中國正扮演著世界領導者的角色，我要說，並不是中國要衝到前面，而是前方的領跑者退後，給中國留了位置。」「如果被要求發揮領導作用，那麼中國將承擔起自己的責任。」

習近平首次以國家主席身分出席達沃斯論壇，有國際和國內雙重盤算。國際因素，乃是藉機彰顯「中國要成爲世界經濟領導者」的架勢。國內因素，則是進一步排斥總理李克強，降低其曝光度，削弱其權力，至二〇一七年秋天的中共「十九大」之後，飽受排擠的團派人物李克強，有可能被迫離開總理職位，轉任其他虛職，比如人大常委會委員長或全國政協主席。

世界領袖，中國何德何能？

川普上任美國新總統，第一個工作日就簽署行政命令：美國退出ＴＰＰ。此時此刻，有輿論響起：這是中國的機會。

作爲領導者，要素之一是能力。中國恢復成爲世界第二大經濟體，有相當的經濟能力，也就是說，中國政府手上有錢，通過設立亞投行（亞洲基礎設施投資銀行），鋪設「一帶一路」（絲路經濟帶及二十一世紀海上絲綢之路），能夠在經濟上支配周邊一些國家，但這種經濟支配力是有限的，並不足以左右地緣政治的總體傾向，更不可能上升到全球合作的高度。

而且，當下中國經濟下滑、產能過剩，中國自己所依賴的貿易出口都十分吃緊，要北京開放中國市場，大量接納他國產品，與周邊國家開展眞正的自由貿易，中共本身禁受不起。經濟下滑的趨勢，政權優先的意識，官場腐敗的深重，都制約了中國領導世界的能力，哪怕僅僅是經濟上的能力。

作爲領導者，除了能力，還需要有德行和信用，讓自己的道德形象，成爲世界的示範。這種軟實力，恰恰是中國最欠缺的。且不說在人權和民主等政治文明上的欠缺，就說經濟領域的文明，中國也嚴重欠缺。諸如：不守規則、破壞規則、大規模盜竊知識產權、行賄受賄、用權貴經濟阻礙市場經濟……等等，都是極不道德的示範。負面形象如此，連自己的人民都未必服氣，更遑論充當世界的領導者？

僅二〇一六年一年，向世界貿易組織（WTO）投訴中國違規的國家，就多達二十七個，中國爲此受到的反傾銷調查，就多達一一九起。這顯示，中國違反世貿規則何其嚴重；也顯示，有多少國家反感中國。此情此景，談「中國領導世界」，除非太陽從西邊升起。

凡爲領導者，須具備氣度、胸懷和格局，這又是中國最缺少的。中共歷來封鎖互聯網，把中國部分的互聯網，變成了與世隔絕的「中國網」。到二〇一七年一月，更進一步，正式封鎖VPN（虛擬網路，適用於翻牆和遠程上網，許多在中國的外國人和外國公司使用），升級其反文明的新階段。這是最明顯的孤立主義。自由貿易的前提之一，就是信息上的自由。一個在信息上自我封鎖的中國，怎能讓各國指望與它開展自由貿易？

有領導者，就必須有被領導者。如果沒有被領導者，所謂領導者就是一個並不存在的空頭概念。從二〇一七年一月的達沃斯論壇，就可管中窺豹。包括美國、德國、法國、日本、俄羅斯等多數大國領袖都缺席，中國領導人習近平卻高調現身，不免給人「金雞獨立」、「唱獨角戲」的印象。在大多數國家都不捧場的情況下，所謂「中國領導世界」的調子，豈非「自說自話」？習近平興沖沖趕赴達沃斯，腳下卻踩了個空。

作爲領導者和被領導者，出自意願，自然形成。縱觀全球，究竟有幾個國家願意被中國領導？這是一個大問題。即便北韓，也不情願接受中國的領導；至於柬埔寨，也只是見風使舵，爲了在北京討些銀子。中國在非洲和拉美地區，都傾注大量投資，但幾十年過去了，還沒有聽說任何一個非洲或拉美國家願意奉中國爲世界領導者。

因爲薩德反導彈系統的部署，中國與韓國鬧得不可開交。中國對韓國展開「限韓令」，韓國則對中國商品徵收反傾銷稅。這樣的拳來腳往，究竟誰能領導誰？即便台灣，市場上雖然被動地融合於中國經濟，但要它承認中國是領導者，也是一百個的不情願。至於發達國家，就更不用提，無論是日本、英國、還是歐盟，都斷不可能接受中國領導。

北京眞想充當世界領導者？且慢，先通過三道門檻：其一，遵守法治和規則，實行公平貿易；其二，重塑道德形象，尊重人權，停止阻礙中國民主化進程；其三，做世界和平的維護者與促進者，而不是威脅者與破壞者。要做到這些，有多難？中國還有多遠的路要走？

領導世界？北京自我炒作，迅速縮回

「中國擔當世界領導者」的說法，很大部分出自北京的自我炒作。中國官員和媒體一起上陣。就在川普上任前後，中國媒體先後炮製諸如此類的標題：「習近平首次出席達沃斯論壇，外媒評價：中國正成爲世界領導者。」「中國高官：北京或不得不當世界領袖。」「TPP易主？美國盟友歡迎中國充當領導。」

其實，迄今爲止，並沒有任何美國盟友呼籲或歡迎中國充當世界領袖。澳大利亞和紐西蘭等國的表態，也僅僅是希望中國和印度尼西亞等區域大國加入TPP，以維持TPP的存在。

二〇一七年三月，中國派代表出席了在智利召開的TPP成員國會議，擺出有意加入的姿態。TPP起意之一，就是爲對付不守規則的中國，如果讓中國來領導並主導制定規則，TPP的原有規則必然走樣。既然中國從未遵守WTO的規則，中國加入TPP，也未必會遵守TPP的規則。

中國政府和媒體何以大肆炒作「中國擔當世界領導者」這個話題？探其心態，具有對內對外雙重意圖。對外，企圖恐嚇新上任的美國川普政府，誘惑那些因美國退出TPP而感到不安的亞太國家。對內，經由這個話題的熱炒，給中國老百姓製造一個假象：美國已經不再是這個世界的領導者，而中國才是。應驗所謂「美國衰落、中國崛起」的老調。

這樣的炒作和宣傳，可謂一箭三鵰。其一，掩蓋中國是世界貿易規則最大破壞者的事實；而這一事實，正是引發美國政治劇變的主因。其二，掩蓋川普上台後，美國力壓中國、要求中國遵守公平貿易規則，由此給中共帶來的政權危機。其三，讓中國民眾誤以爲，只有中國政府才是最有能力、最受信任的政府，從而加固一黨專政。反向操作，正是鄧小平的灰色「智慧」，所謂「變壞事爲好事」。

然而，當今世界畢竟不是一黨專政下的中國，由一人、一黨說了算；更不是一個巨大無邊的黑社會，由心狠手辣的黑老大說了算。

經過一番對內宣傳和對外試探，在意識到自己無法成爲世界領導者之後，中共喉舌開始降調、轉調、變調，中國官媒和網站陸續出現這類標題：

「警惕捧殺中國」

「包藏禍心，西方媒體給中國挖坑」

「請別給中國硬戴『世界領導者』帽子好嗎？」

「中國外事：中國拒做世界領導者」

競選期間，川普多次表示，美國不應該再充當世界警察，也就是說，要放棄美國在世界上的領導角色和維安角色，換言之，美國將回歸孤立主義或美國主義，對外奉行「不干涉」、「不參與」的政策。川普的這些說法，足以讓習近平和中共領導層憂心忡忡。

因爲，從這個角度，正好可以解讀川普「美國至上」和「美國優先」的戰略意義。美國固然可以繼續領導世界、固然可以繼續擔當世界警察，但一個坐視極權國家強大而自我削弱的美國，遲早無法或無力擔當此任。只有一個再次繁榮和更加強大的美國，才更有能力盡國際義務，更有能力維護世界和平。與其說這是「孤立主義」，不如說這是以退為進的「曲線進取主義」。

川普的說法，拿中國話來說，那就是：不再出頭，韜光養晦，養精蓄銳。這正是早些年鄧小平為中國定下的「國策」。一旦美國這麼做，美國將不再消耗，而專事積累，靜悄悄的積累，重新培植超強的國力，直到有一天，再次讓世界大吃一驚，重演一八九八年以反擊西班牙擊沉美國軍艦為由而全面奪取西班牙殖民地的美西戰爭。到時候，美國要對付的國家，可不再是西班牙，也不見得是俄羅斯，最可能的，恰恰就是當今世界的最大專制堡壘——中國。

中國鷹派，高喊強硬對抗美國

如何對付川普？中共黨內和軍內鷹派人士，主張強硬到底。代表性的兩種觀點如下：

其一，增加戰略核武器數量，作為「殺手鐧」，加大對美國、台灣和周邊世界的核威脅。

如此，中共將違反它自己簽署的國際《核不擴散條約》，該《條約》規定：（截至一九六七年）已經擁核的國家，不得繼續發展核武器，不得向無核國家擴散核武器；（截至一九六七年）沒有核武器的國家，不得發展核武器。

中共可能效法北韓，宣布退出《核不擴散條約》，再次擺出一副「我是流氓我怕誰」的無賴嘴臉。事實上，中共先後向巴基斯坦和北韓擴散核武器、一直暗助北韓發展核武器（經由中國鴻祥公司等機構），早已違反了《核不擴散條約》。繼續違反，對厚黑成性的中共而言，不過是頭上的蝨子，蝨多不癢。

但北京需要明白，說到戰略核武器，具有壓倒優勢的，並非中國，而是美國。如果中共想在這方面急起直追，趕超美國，極可能步上前蘇聯後塵，因軍備競賽而垮台，不戰自潰。尤其在當前中國經濟全面衰退的大背景下。

其二，支持美國的敵人，「公開支持它們，或者暗中向它們提供武器。」

所謂美國的敵人，無外乎國際恐怖組織如伊斯蘭國、蓋達組織、塔利班等；或如北韓、伊朗等流氓國家。中共尤其可能加倍援助北韓，一邊倒地包庇平壤，慫恿金正恩再搞核試爆或各式導彈，升高挑釁文明世界的分貝。這原本就是中共領導層的「國策」。

正如曾短期出任川普政府的國家安全顧問邁克爾・弗林所指出的那樣：「中國和北韓是伊斯蘭恐怖主義的同盟。」中共官媒的論調，就是一個鐵證。

其實，一直以來，中共就在支持國際恐怖主義，以及北韓、伊朗、蘇丹等流氓國家，中共鷹派（借《環球時報》的社論）高喊出來，不過是由暗轉明，自曝其醜。如果，未來，中共進一步把它對「美國的敵人」的支持公開化，必遭來全世界的唾棄，甚至可能換來美中攤牌、開戰的後果。再說，如果中共明目張膽地支持伊斯蘭國和北韓，難道美國就不能支持新疆維吾爾人？

假如中美開戰，中共肯定是輸家

其實，中國鷹派人士的強硬主張，都是「餿主意」，把中美兩國逼向戰爭，重演第一次或第二次世界大戰的災難。習近平雖然高舉民族主義的大旗，其主要目的，乃是維持中共統治的合法性，私底下，習近平未必有心向美國開戰。

筆者曾於二〇一三年在台灣出版《假如中美開戰》，分析中美兩個大國日益升級的對抗與博弈，推演中美開戰的可能性和模擬場景。在美國，前些年談美中開戰，還沒有多少人當眞，如今談美中開戰，已經成爲平常話題。這也是中國用實際行動，尤其在南海的挑釁與擴張行爲，所演繹出來的重大現實話題。

二〇一六年，美國智庫 RAND Corporation 發表報告，首次提出中美開戰「並非不可能」。論戰爭勝負，該報告除闡述軍事力量的因素，更談到經濟與政治因素，暗示，一旦開戰，中共可能面臨政權存亡危機，一語戳中北京死穴。

但，RAND Corporation 的報告，還缺少了一些關鍵點，諸如：解放軍腐敗透頂，軍頭各懷私心，一旦開戰，可能大規模叛變、叛逃；中國領導人在海外藏富，一旦開戰，美國公布並凍結中國領導人全球資產，將對中共政權構成致命打擊。美國可能不戰而勝，或者一戰即勝。解放軍軍頭高調喊開戰，中國外交部卻低調談和平。中國更願意喊而不戰。中共挑戰與避戰，都因爲恐懼美國。

「一帶一路」高峰會，西方不捧場

二〇一七年五月中旬，由中國政府主辦的「一帶一路」高峰論壇在北京召開。共計二十八個國家領導人出席，主要來自非洲、中南亞、中東歐。儘管中國方面費盡心思，爭取西方國家領導人到會，但均遭婉拒。部分西方國家僅在最後時刻派出低級別官員與會。

亞洲國家中，日本、韓國、新加坡等發達國家領導人都缺席；執發展中國家牛耳的五個金磚國家中，印度、巴西和南非領導人也都缺席。這一切，對北京雄心勃勃的「一帶一路」戰略，無疑是大煞風景。

所謂「一帶一路」，涵蓋從中國出發、延伸到世界各地的海上和陸上經貿路徑。「一帶一路」這個名詞，表面上，借用了七世紀中國「絲綢之路」的概念，但那時候的「絲綢之路」，是民間自發形成的國際商業通道。如今的「一帶一路」，所謂「新絲綢之路」，卻貫穿中國政府的政治與經濟目的：其一，以經濟援助和經濟開發爲名，控制沿線國家，推行中國式霸權主義，藉機建立以北京爲中心的世界經濟網路。其二，對外轉移中國的過剩產能，轉嫁中國經濟衰退的危機和風險。

「一帶一路」的第一個項目，是在巴基斯坦建立大型水力發電站，優先發展所謂「中巴經濟走廊」。這樣的安排，正好顯露北京的用心：巴基斯坦幾乎是中國唯一的「全天候朋友」。北京發出的信號是，它會優先投資聽命於中國的國家。反過來說，那就是，如果不贊同中國的立場，就得不到好處。

與「一帶一路」戰略對應的，是由中國牽頭成立的亞洲基礎設施投資銀行（亞投行），有五十多國加入或意向加入。然而，作爲世界第一大經濟體的美國和第三大經濟體的日本，並沒有加入。日本方面曾經詢問中國方面：如何避免亞投行可能出現的腐敗現象？以及如何規避債務違約風險？中方的態度是不予回答，這是日本猶豫而沒有加入的原因之一。

當然，日本不加入，還有其他原因：由中國主導的亞投行，意圖之一，就是對抗日本主導的亞洲開發銀行。到了二〇一七年，在中方的再三遊說下，出於改善日中關係的考慮，日本政府才開始探討加入亞投行的可能性。

「一帶一路」高峰會結束時，美國代表，負責亞洲事務的國務院高級主任馬修・波廷格（Matthew Pottinger）發言指出「一帶一路」計劃回避的兩個關鍵環節：公開招標和透明化。一語道破「一帶一路」計劃的癥結所在。結果，因條款中沒有自由投標的保障，德國、法國、英國等西方國家拒絕簽署聯合公報，「一帶一路」高峰會推遲一小時閉幕。

其實，無論亞投行還是「一帶一路」，都隱含了中共集團的另一層意圖：中共高官和紅色權貴們，把他們貪污所得的巨額財富，以「對外投資」的名義，在國際上合法化，也就是變相洗錢。這，或許是當今世界上，手段最高明、行事最隱密的洗錢方式。

後記

川普陷內政危機，整個世界的懸念

本書原本由日本文藝春秋約稿，定於今夏初版。台灣前衛出版社推出中文版。筆者期待，同時在日本和台灣出版的這本書，能夠爲理念相同、思維相近、情感相通的日本和台灣讀者帶來共同的閱讀體驗，從各自視角，前瞻川普時代人幕的徐徐展開。

本書描述川普與習近平鬥法，透視美國與中國博弈，展示日本的空間和台灣的機會。因川普個性麻辣、變化多端、引發執政危機不斷，書稿不得不一再修改，盡可能與瞬息萬變的美國政治和國際政治同步。由此，這成爲筆者最難寫作的一本書。

二〇一二年底，習近平成爲中國領導人。在他的第一個五年任期內，一直在鞏固權力，強化他對黨政軍權力的控制。一黨制、網絡封鎖、媒體姓黨、黨管司法、黨管軍隊……這種政治體制，有助於習近平大權獨攬，最終達到一言九鼎的核心地位。

二〇一七年初，唐納．川普上任美國總統，打算大展拳腳，改善美國經濟，強化美國軍力，改變美國外交格局。多黨制、國會監督、司法獨立、新聞自由、記者是無冕之王……美國的民主體制，卻不容川普亂來；另一方面，也制約了川普的進取和作爲。

總結習近平對付川普的策略，有「三板斧」，包括：恐嚇與威脅；拉攏與收買；妥協與讓步。所有這些策略，爲著一個最大的目標服務，那就是，鞏固中共政權，保持其一黨專政的存活率。

習近平與川普處於不同的執政條件，處理內政與外交，對習近平而言，相對容易；對川普而言，相對不易。在習近平與川普的博弈中，如果習近平落於下風，那是源於國際政治，因爲，在國際上，中共的價值觀和行爲，不具有正當性。如果川普落於下風，那是源於國內政治，因爲，無論川普多麼靈活善變，都跳不脫美國民主政治的框架，他的權力肯定受到監督和制約。

從「通俄門」到「洩密門」，川普麻煩不斷，狀況連連。這裡面，既有川普的魯莽個性使然，也是美國「政治正確」的環境造成。川普一上任，彷彿就變成了「跛腳鴨」總統，行路難。能否擺脫困境？會不會遭到彈劾？都是一個未知數。

美國內鬨不止、內爭不息。一方面，這是一個成熟民主大國的常態；另一方面，足以讓盟國憂慮，美國究竟發生了什麼？美國政治，能否走出泥沼？美國總統，能否在二十一世紀大有作爲？川普的內政危機，成爲整個世界的懸念。

二〇一七年五月，寫於紐約

回憶在滿大人、海賊與「獵頭番」間的激盪歲月
Pioneering in Formosa
歷險福爾摩沙
台灣經典寶庫5
W. A. Pickering
(必麒麟)原著
陳逸君 譯述
劉還月 導讀
19世紀最著名的「台灣通」
野蠻、危險又生氣勃勃的福爾摩沙
Recollections of Adventures among Mandarins,
Wreckers, & Head-hunting Savages
前衛出版
AVANGUARD

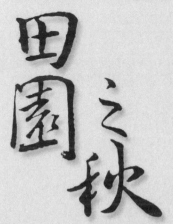

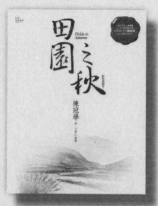

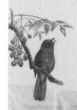

福爾摩沙紀事
From Far Formosa
馬偕台灣回憶錄
馬偕博士
福爾摩沙紀事
From Far Formosa
馬偕台灣回憶錄
19世紀台灣的
風土人情重現
百年前傳奇宣教英雄眼中的台灣
前衛出版
AVANGUARD
台灣經典寶庫
譯自1895年馬偕 著《From Far Formosa》

國家圖書館出版品預行編目 (CIP) 資料

川普對決習近平 : 台灣的機會 / 陳破空著 .
初版 . -- 臺北市 : 前衛 , 2017.06
256 面 ; 15x21 公分
ISBN 978-957-801-820-4（平裝）

1. 美國外交政策 2. 中美關係 3. 時事評論
578.52　106006204

★川普對決習近平：台灣的機會★

作　　者　陳破空
責任編輯　林雅雯
封面設計　盧卡斯工作室
美術編輯　李晏甄

出 版 者　前衛出版社
10468 臺北市中山區農安街 153 號 4 樓之 3
Tel：02-25865708 ｜ Fax：02-25863758
劃撥帳號：05625551
E-mail：a4791@ms15.hinet.net
http://www.avanguard.com.tw
出版總監　林文欽
法律顧問　南國春秋法律事務所
出版日期　2017 年 6 月初版一刷

經 銷 商　紅螞蟻圖書有限公司
臺北市內湖區舊宗路二段 121 巷 19 號
Tel：02-27953656 ｜ Fax：02-27954100

定　　價　新台幣 300 元